लड़कर छीन लेंगे हम

लड़कर छीन लेंगे हम

डॉ. सी.बी. भारती

वाणी प्रकाशन

वाणी प्रकाशन
4695, 21-ए, दरियागंज, नयी दिल्ली 110 002
शाखा
अशोक राजपथ, पटना 800 004
फ़ोन : +91 11 23273167 फ़ैक्स : +91 11 23275710
www.vaniprakashan.in
vaniprakashan@gmail.com
sales@vaniprakashan.in

LADKAR CHHEEN LENGE HUM
by Dr.C.B. Bharti

ISBN : 978-93-87330-01-6
Collection of Poems

प्रथम संस्करण

मूल्य : ₹ 350

सिटी प्रेस, दिल्ली-110 095 में मुद्रित

वाणी प्रकाशन का लोगो मक़बूल फ़िदा हुसेन की कूची से

सामाजिक परिवर्तन के महान नायक
सन्त सुकईदास परमहंस साहेब को
जिनके विचारों ने
सामाजिक भेदभाव, शोषण व अन्धविश्वास के विरुद्ध
लड़ने की ताक़त दी!

शोषण और उपेक्षा के घावों का हिसाब

हिन्दी दलित साहित्य विगत चार दशकों में उन सारे सवालों से टकराकर स्थापित हुआ है जिससे कभी मराठी दलित साहित्य टकराया था। वे सवाल थे—क्या साहित्य भी कभी दलित होता है? क्या दलित साहित्य केवल दलित ही लिख सकता है? दलित साहित्य का वैचारिक आधार क्या है? क्या दलित साहित्य सौन्दर्यहीन है? दलित साहित्यकार अपने दुःख-दर्दों को व्यक्त कर रहे हैं, जिससे वे अपने समाज को ही नंगा कर रहे हैं। दलित साहित्यकारों की अनुभूतियाँ समान हैं, जिसके कारण उनमें एकरूपता आ गयी है। इन सारे सवालों से जूझते हुए, इन सबके उत्तर देकर हिन्दी दलित साहित्य ने अपना विधागत विस्तार किया है। उसमें कविता, कहानी, उपन्यास, आत्मकथा, नाटक और आलोचना पर ढेरों पुस्तकें लिखी गयीं। आज वह भारत के अधिकांश विश्वविद्यालयों में ही नहीं, बल्कि विदेशी विश्वविद्यालयों के पाठ्यक्रम में भी पढ़ाया जा रहा है। अब ऐसा कोई विश्वविद्यालय नहीं है, जहाँ पर दलित साहित्य पर या दलित साहित्यकारों पर शोध न हो रहा हो। आज हिन्दी दलित साहित्य स्थापित साहित्य है। जो विधागत स्तर पर आत्मकथा के क्षेत्र में तो चर्चित हुआ ही लेकिन कविता के क्षेत्र में जिन चार पाँच कवियों—श्री ओमप्रकाश वाल्मीकि, मलखान सिंह, जय प्रकाश कर्दम, असंग घोष और श्योराज सिंह 'बेचैन' के नाम लिए जाते हैं। उनमें डॉ. सी.बी. भारती का नाम भी प्रमुखता से लिया जाता है।

डॉ. सी.बी. भारती की कविताओं में उनकी विस्फोटक चेतना ने, धारदार अभिव्यक्ति का स्वरूप ग्रहण कर दलित समाज के साथ ही शेष हिन्दी समाज का भी ध्यान अपनी ओर आकर्षित किया है। तभी दलित चिन्तक कँवल भारती को भी लिखना पड़ा कि—"आज अगर कोई मुझसे पूछे कि मेरे प्रिय दलित कवि कौन-कौन हैं, तो जो सूची मैं तैयार करूँगा, उसमें डॉ. सी.बी. भारती का नाम अवश्य होगा। हिन्दी में सम्भवतः डॉ. सी.बी. भारती ही वे कवि हैं, जिन्होंने सबसे कम लिखा है, पर वे सबसे ज्यादा उद्धरित किये गये हैं। दलित कवियों पर

कोई लेख उनकी कविता के बगैर पूर्ण नहीं होता।" यह डॉ. सी.बी. भारती की कविता की ताक़त ही है कि उन्होंने बहुत कम लिखकर भी हिन्दी दलित साहित्य में अपना एक मुकम्मल स्थान बनाया है। यह सम्भव हो पाया है, उनकी उस धारदार समझ के कारण। क्योंकि जब दलित कवि कविता के नाम पर नारे गढ़ रहा हो, वहाँ डॉ. सी.बी. भारती दलित उत्पीड़न की जड़ तक जाकर उसके कारण और निदान तक की योजना प्रस्तुत करते हैं। डॉ. सी.बी. भारती की कविता की प्रेरणा विश्व मानव डॉ. अम्बेडकर का चिन्तन तो है ही, उसमें महाकारुणिक बुद्ध, ज्योतिबा फुले, सन्त रैदास, कबीर, नारायण गुरु व सन्त सुकईदास परमहंस साहेब आदि के विचारों का भी समावेश है।

हिन्दी दलित कविता वाह की नहीं आह की कविता है जिसमें वागविलास नहीं, सच की बेख़ौफ़ अभिव्यक्ति है। जिसने कविता के मिथ्या मिथकों को तोड़कर आम आदमी की चेतना पर चोट कर उसे जगाने के महत्वपूर्ण कार्य को अन्जाम दिया है। व्यवस्था के नियामकों को कटघरे में खड़ा करके उन्हें सज़ा दिलाने की ज़िद पर अड़ी इस कविता में डॉ. सी.बी. भारती की छटपटाहटों की तहरीर है। जिसका प्रारम्भ 'चिन्तन का समय' से होता है और वह 'समता का दीप जलायें' तक पहुँचती है। यह महज़ एक संयोग नहीं है कि कवि भारती–"क्यों लूट लिए गये तुम/कैसे हड़प ली गयीं तुम्हारी अस्मिता/कैसे गँवा बैठे तुम/अपना सारा वजूद" जैसे तिलमिला देने वाले प्रश्न से शुरू करके–"आओ हम सब मिल जुलकर समता के दीप जलायें/सोये-मुरझाये मनों में नूतन आश जगायें" जैसे सम पर आकर ठहर जाते हैं। देखा जाये तो किसी भी सृजन-यात्रा का लक्ष्य यही तो होता है कि वह मनुष्य और मनुष्य के बीच के भेद को, चाहे वह जाति का हो, धर्म का हो या फिर सम्प्रदाय का हो, मिटाकर साम्य स्थापित करने का प्रयास करे। कहना न होगा कि डॉ. भारती की ये कविताएँ इस कार्य को बड़ी सफलतापूर्वक अन्जाम देती हुई प्रतीत हो रही हैं। किन्तु यह अत्यन्त आश्चर्यजनक है कि जब दलित रचनाकार विषमताओं पर चोट करता है, तो उसके सृजन को 'जातिवादी' करार देकर उसे नकारने का प्रयास किया जाता रहा है। जबकि सच बात यह है कि जाति के कारण जिस व्यक्ति को हानि हुई अतीत में और हानि हो रही है वर्तमान में, वह निश्चय ही उसे समाप्त करने का प्रयास करेगा तथा जिसे लाभ मिला है और मिल रहा है, वह ही उसे ज़िन्दा रखने का यत्न करेगा। ऐसे दोमुँहे लोगों से, जो अपना दुर्गुण दूसरों पर आरोपित करते रहे हैं, सीधे संवाद की मुद्रा में हैं डॉ. सी.बी. भारती की कविताएँ–

“पर अपने देश में उल्लू के पट्ठों ने
बना दी हैं आदमियों की जातियाँ
जिससे एक प्रतिष्ठा पाता रहे
दूसरा अन्दर-ही-अन्दर तिलमिलाता व सकुचाता रहे।”

डॉ. सी.बी. भारती ने प्रचलित मिथकों की नयी व्याख्याएँ भी अपनी कविताओं में की हैं। इनमें शम्बूक, द्रोणाचार्य और एकलव्य तो हैं ही, द्रौपदी, गांधारी और युधिष्ठिर को भी उन्होंने तार्किक सन्दर्भ देने का प्रयास किया है। लेकिन इन कविताओं में वे कविताएँ अधिक प्रभावित करती हैं, जिनमें छोटी-छोटी चीज़ों के माध्यम से एक सन्देश दिया गया है। उदाहरण के लिए, हम उनकी कविता ‘तितली’ को ले सकते हैं—

“आज तितली उदास नहीं है
अब तितली बेज़ुबान नहीं है
षड्यन्त्रों से अनजान भी नहीं है वह
सीख लिया है उसने संघर्षों से
जीने के लिए मरना
लड़कर छीन लेना फिर से स्वत्व।”

दलित सन्दर्भों में यह कविता उनकी शक्ति और सामर्थ्य को रेखांकित करती हुई, उन्हें जीने के लिए मरने-मिटने का सन्देश देती है। ठीक इसी तरह ‘जोंक’ कविता शोषक सवर्ण को चेतावनी भी देती है—

“मगर जोंक नहीं जानती
कि एक दिन
उसका शिकार ज़रूर बिलबिलाएगा
दर्द जब सहा न जायेगा
और ख़ून घटता जायेगा
तब वह ज़रूर ग़ुस्साएगा
और मसल दी जायेगी जोंक
जोंक नहीं जानती।”

डॉ. सी.बी. भारती की कविताएँ बहुत ताक़तवर हैं, जो हमारे समय की सच्चाइयों से सीधे आँख मिलाकर, विषमताओं पर अपनी पूरी शक्ति से वार करती हैं अपने पूरे होशहवास के साथ और उनके कवित्व के प्रति आश्वस्त करती हैं।

भारत नौ सौ वर्षों तक ग़ुलाम रहा। छह सौ वर्ष मुग़लों का और तीन सौ

वर्ष अंग्रेज़ों का। इतिहासकार भारत की ग़ुलामी के न जाने कितने कारण गिनाते हैं कि यहाँ के राजे-रजवाड़े अपनी छोटी-छोटी रियासतों को ही सम्पूर्ण देश समझते थे, जो प्रायः आपस में ही लड़ते रहते थे। इस बँटी हुई शक्ति पर आक्रमण कर विदेशियों ने भारत को हस्तगत कर लिया। लेकिन दलित साहित्यकारों ने ही ग़ुलामी के मूल कारण 'वर्ण व्यवस्था' पर विचार कर बताया कि हिन्दू धर्म में वर्णानुसार कार्य का बँटवारा ही भारत की ग़ुलामी का कारण है। जब एक वर्ग पढ़ेगा-पढ़ाएगा, दूसरा देश की रक्षा करेगा और तीसरा व्यापार और चौथा केवल सेवा करेगा, तो आक्रमण के समय जो रक्षा करने वाला वर्ण है, वह कायर प्रमाणित हुआ और देश ने नौ सौ वर्षों तक ग़ुलामी के संत्रास को झेला है जिसने पूरी वर्ण व्यवस्था को ही ग़लत प्रमाणित किया है। आज भी वही स्वार्थी सोच के लोग, जिनके लिए देश कभी भी महत्त्वपूर्ण नहीं रहा, बल्कि उनके अपने स्वार्थ ही सर्वोपरि रहे हैं, योग्यता की बात कहकर देश को पुनः तोड़ देना चाहते हैं। लेकिन दलित साहित्यकार आज भी सवाल पूछ रहा है कि जब इस देश के शासन और प्रशासन का भार देश के सर्वोच्च बौद्धिक वर्ग (ब्राह्मण) के हाथ में था और रक्षा की ज़िम्मेदारी सर्वोच्च शक्तिसम्पन्न वर्ग (क्षत्रिय) की थी तो फिर देश ग़ुलाम क्यों हो गया? क्या इससे बौद्धिक वर्ग मूर्ख और शक्तिसम्पन्न वर्ग कायर प्रमाणित नहीं हुआ? इसके बरक्स यदि देश की पूरी आबादी से बिना किसी वर्ण-भेद के बौद्धिक क्षमता वाले लोग, शासन और प्रशासन देखते तथा सभी वर्णों के शक्तिसम्पन्न लोग देश की रक्षा करते, तो क्या यह देश कभी ग़ुलाम होता? देश की इस ग़ुलामी के ज़िम्मेदार, वर्ण व्यवस्था के ठेकेदारों को, ग़ुलामी जैसे घृणित पाप में फँसाने के लिए कवि डॉ. सी.बी. भारती कुछ इस तरह फटकारते नज़र आते हैं—

"फैलाते ही रहे हो तुम
अनवरत घृणा
और तुम्हारी इसी घृणा ने
किया है हमें कमज़ोर
जिससे हम होते रहे हैं बार-बार ग़ुलाम
लड़ भी न पाये थे देश के लिए
कभी न एक होकर हम।"

दलित साहित्य पर ग़ैर-दलित साहित्यकारों द्वारा प्रायः यह आरोप लगाया जाता रहा कि यह साहित्य जातिवादी है, देश की एकता को तोड़ने वाला है। समाज में विघटन के बीज बो रहा है। लेकिन दलित साहित्यकारों ने एक स्वर

होकर इन सारे आरोपों को ख़ारिज किया है और स्थापित किया है कि साहित्य समन्वय स्थापित करता है और दलित समाज के साथ सदियों से हो रहे उत्पीड़न के विरुद्ध आवाज़ उठा रहा है ताकि देश में समता स्थापित हो, जो लोकतन्त्र का मूल आधार है। डॉ. सी.बी. भारती अपनी कविता, 'कलम के जरिए' में दलित साहित्य के इसी भाव को व्यक्त करते हैं—

"मैंने अब उठा ली है कलम
झाड़ू के बदले
करेंगे साफ़ तुम्हारी सारी ज़िन्दगी
बचायेंगे हम
देश की टूटती एकता को।"

जो लोग निरन्तर आरक्षण समाप्त करने के लिए आन्दोलनरत हैं, उन्होंने कभी जाति को समाप्त करने के लिए आन्दोलन नहीं किया। क्योंकि सदियों से जाति ही उनके सम्मान का कारण रही है, इसलिए वे उसे बनाये रखने के पक्षधर रहे हैं। जबकि दलित साहित्यकार जाति का उच्छेद कर जाति-विहीन समाज की रचना करना चाहता है। जाति के दंश को झेलता हुआ दलित, आरक्षण के कारण जिस घृणा से राहत महसूस कर रहा है, उस घृणा को सवर्ण तभी समझ सकता है, जब वह दलित की जगह अपने आपको रखकर देखेगा—

"किसी गाँव में एक दिन के लिए सही
शिड्यूल्ड कास्ट बनकर जाओ
माँगो बताकर जाति पीने को पानी, तब जानोगे तुम
घृणा कितनी मिली हमें
आरक्षण उसी घृणा का मुआवजा है जो कि
समाज हमें, घृणा को चुपचाप पीने के बदले
शोषण के दंशों को भुलाने के लिए बेमन से दे रहा है
यद्यपि आज भी वह
हमारे पथ में मौक़ा पाते ही
काँटे बो रहा है।"

भारत में दलित उत्पीड़न का सबसे बड़ा कारण है हिन्दू धर्म! क्योंकि वर्ण और जाति इसी के उत्पाद हैं। इस कारण जहाँ-जहाँ पर भी दलित उत्पीड़न हुआ है, वहाँ-वहाँ पर दलित हिन्दू धर्म छोड़कर बौद्ध बने हैं, वाल्मीकि तो मुसलमान भी बने हैं। आचार्य रजनीश सम्भवतः इसीलिए कहते हैं कि हिन्दू धर्म अल्पसंख्यक धर्म है, क्योंकि इसमें 80 प्रतिशत शूद्र हैं। यदि इन 80 प्रतिशत शूद्रों ने धर्म

परिवर्तन कर लिया, तो ये अल्पसंख्यक हिन्दू यहीं पर घुटकर मर जायेंगे अपने अहंकार में। इन धर्मान्ध लोगों को डॉ. सी.बी. भारती अपनी कविता 'धर्म' में यह चेतावनी देते हैं–

"धर्म फैलाता है मैत्री
जातियाँ नहीं जन्माता
नहीं जन्माता पाखण्ड और रूढ़ियाँ
नहीं जन्माता नफ़रत
मनुष्यता के बीच
दीवारें नहीं खड़ी करता धर्म।"

यह सब जातियाँ, पाखण्ड, रूढ़ियाँ, नफ़रत–ये सब ईश्वरीय हैं और केवल दलितों पर ही थोपी गयी हैं। इसलिए डॉ. सी.बी. भारती अपनी कविता 'ईश्वर नहीं है' में उसे केवल सवर्ण हिन्दुओं के स्वार्थों की उपज मानते हैं–

"मुझे लगता है
ईश्वर कुछ लोगों के स्वार्थ की उपज है।
जिससे कि वे सजाते रहे महल अपने
मिटाकर ग़रीबों की झोंपड़ियों को
खाते रहे मालपुआ
छीनकर दुधमुँहें बच्चों के
रोटी के निवाले!
और पूरी करते रहे अपनी कामेषणा
ईश्वर के पाखण्ड के सहारे
बनाकर औरतों को देवदासियाँ।"

वर्तमान समय में राजनीति की स्थिति वही है, जो प्राचीनकाल में धर्म की थी। जैसे धर्म वर्ण व्यवस्था के अनुसार व्यक्ति के कर्मों का निर्धारण करता था, अब यह निर्धारण राजनीति करती है। उस समय छल-बल और श्रद्धा से निर्धन व्यक्ति से सेवा ली जाती थी और आज उसके वोटों को हथियाकर सत्ता क़ब्ज़ाई जाती है। इस तथ्य को डॉ. सी.बी. भारती ने अपनी कविता 'महान बनने का ढोंग' में इस तरह रूपायित किया है–

"मिलते हैं तुम्हें जिससे रास्ते राजपथ के
पर शबरी आज भी छली ही जाती है
खिलाकर अपने बेर, लुटाकर अपने विश्वास
तुम पर

ठगी-सी वह
अवाक् वहीं-की-वहीं रह जाती है,
पर तुम, तुम ही रहे अब भी
तुम्हारे आचरण में
आज भी भेड़िये की ही दुर्गन्ध आती है।"

कवि उस सम्पूर्ण छद्म से वाकिफ़ है जिसे कुछ राजनीतिक गिरोहों ने ओढ़ रखा है, जो सभी हिन्दुओं को भाई-भाई का नारा लगाकर छलते हैं। लेकिन शूद्रों के लिए तब भी शिक्षा और मन्दिर के द्वार बन्द थे, आज भी वे भारत के संविधान को इसलिए बदलने का षड्यन्त्र कर रहे हैं क्योंकि उसमें आरक्षण का प्रावधान है और आरक्षण पाकर शूद्र (दलित) कुछ सम्पन्नता का अहसास करने लगे हैं। लेकिन उनके मस्तिष्क में दलितों के प्रति घृणा यथावत् मौजूद है। इस तथ्य को डॉ. सी.बी. भारती ने अपनी कविता 'गिरगिट' में कुछ इस तरह रेखांकित किया है–

"क्यों करते हो विश्वासघात
लगाकर मुखौटे सहृदयता के?
क्यों करते हो बार-बार आवाहन
एकता व एकजुटता के?
सद्भाव और समन्वय के
सामाजिक सौहार्द के
समता और ममता के
भ्रातृत्व और भाईचारे के
देश के प्रति निष्ठा के
क्योंकि बदल नहीं सकते हो तुम
अपना स्वयं का आचरण।"

डॉ. सी.बी. भारती का यह काव्य संकलन ऐसे समय में आ रहा है, जब सहारनपुर के शब्बीरपुर गाँव की जातीय हिंसा ने एक बहुत ही महत्वपूर्ण तथ्य को प्रमाणित किया है कि इस देश की चाहे कितनी भी दबंग जाति क्यों न हो, यदि वह दलित समाज का उत्पीड़न करेगी तो दलित युवा उसका प्रतिकार करने से भी नहीं चूकेंगे। वह मिर्चपुर, खैरलाँची और पारसबीघा की तरह उसे चुपचाप नहीं सहेंगे। इस तथ्य की कुछ अनुभूतियाँ भी डॉ. सी.बी. भारती की कविता में कहीं-कहीं देखने को मिलती हैं। वे उन जातिवादी उत्पीड़क, अत्याचारी दरिन्दों को खुली चेतावनी देती हैं अपनी कविता 'होगी जूतम पैजार' में–

“किन्तु अब तुम सावधान हो जाओ
युग बदल रहा है तुम भी बदल जाओ
नहीं सहेंगे अब हम तुम्हारा अत्याचार
तुम तो हो संवेदनहीन जानवरों से भी
अब हम उतार सकते हैं तुम्हारी भी खाल
खाल खींच लेंगे उसकी हम जो करेगा
हमारी ज़िन्दगी से खिलवाड़।”

डॉ. सी.बी. भारती की कविता से गुज़रकर स्पष्ट रूप से कहा जा सकता है कि जिस तरह उनकी कविता में बेख़ौफ़ सच्चाइयों की अभिव्यक्ति हुई है, उसने उन्हें हिन्दी दलित साहित्य का ही नहीं, बल्कि सम्पूर्ण हिन्दी साहित्य के कुछ बड़े कवियों में स्थापित कर दिया है। उनकी कविता दलित समाज के लिए अनुकरणीय है, जो आने वाली पीढ़ियों को जातीय जुल्म और उत्पीड़न के ख़िलाफ़ लड़ने की प्रेरणा देती रहेगी।

–डॉ. एन. सिंह
‘विमर्श’
110, विनोद विहार, मल्हीपुर रोड,
सहारनपुर-247 001 (उ.प्र.)
मोबाइल : 9412355707
e-mail : drnsingh27@gmail.com

अनुक्रम

चिन्तन का समय

बहुजन! तुम
बहुजन ही रहे होगे अवश्य
सख़्त भुजाएँ
दिमाग़ तीक्ष्ण
बहु-शक्ति के आगार
तुम रहे होगे अवश्य, तुम भी मार सकते थे पटकनी
वेश बदल-बदलकर कर सकते थे ठगी
लूट सकते थे घर, समाज और देश
गढ़कर काले कानून
बना सकते थे तुम भी समाज को अन्धा
'अन्धी पीसे कुत्ते खायें' का आनन्द
तुम भी ले सकते थे
मगर बहुजन।
बताओ, क्यों नहीं फड़की थीं तुम्हारी भुजाएँ?
क्यों शून्य रहा तुम्हारा दिमाग़?
क्यों काम नहीं आयी तुम्हारी शक्ति?
क्यों मार दी गयी तुम्हें ही पटकनी?
क्यों छले गये तुम?
क्यों लूट लिए गये तुम?
कैसे हड़प ली गयी तुम्हारी अस्मिता?
कैसे गँवा बैठे तुम, अपना सारा वजूद?
बताओ, बहुजन।
यह वक़्त पिष्टपेषण का नहीं
यह वक़्त चिन्तन का है।

जाति

सभी गायें
गायें हैं जैसे
सभी शेर
शेर हैं जैसे।
सभी मनुष्य
मनुष्य हैं
वैसे ही।
मनुष्य की जातियाँ—
हो नहीं सकती कभी भी
हो सकती है
जातियों की आरोपित प्रथा ज़रूर।
पर प्रथा होती नहीं कभी भी
डाली जाती है स्वार्थवश
ख़ुदगर्ज़ी की नीयत से।
इसलिए यह लाज़िमी है कि थूकें
उस प्रथा पर
करती हो जो, मनुष्य का विरोध
जो तोड़ती हो
मनुष्यता के रिश्ते को।

जातिवाद

जातिवाद समाप्त हो
समाप्त हो विद्वेष–
फैले नहीं उन्माद
जातियों को लेकर
अपना समाज बने सुखद।
पर क्या मिट रहा है जातिवाद
हो रहा है लोगों के मन का परिष्कार
नहीं-नहीं
स्वार्थवश बाह्य तो शिष्ट हो रहा है
पर अन्तस
जातीयता की घृणा से
विष-वृक्ष हो रहा है।

घृणा

तुमने सौंपी है घृणा
अपने बच्चों को
मिली थी तुम्हें जो विरासत में
तुम्हारे बाप-दादाओं से
और उन्हें
उनके बाप-दादाओं से
घृणा की यही आग
फैलती रही है सदियों-सदियों से
अपने देश के परिवेश में
हमने तो की मशक़्क़त
बाँटें हैं प्यार हमेशा
भरे हैं लोगों के पेट
ख़ुद भूखे रहकर
बुने हैं तन ढकने के लिए कपड़े
ख़ुद अधनंगे रहकर
बनाये हैं घर
औरों के
पर तुमने तो ढहाये हैं घर
जलाई हैं झोंपड़ियाँ
नंगा किया है हमें
छीनकर हमारे हिस्से का वस्त्र
हमें बेआबरू किया है
लूटकर हमारी आबरू
और फैलाते ही रहे हो तुम

अनवरत घृणा
और तुम्हारी इसी घृणा ने
किया है हमें कमज़ोर
जिससे हम होते रहे हैं बार-बार ग़ुलाम
लड़ भी न पाये थे देश के लिए
कभी न एक होकर हम।

नफ़रत

नफ़रत पैदा की तुमने
कि मिल सके तुम्हें मुफ़्त में रोटी
कि मिल सके तुम्हें सम्मान
कि बना रहे वर्चस्व तुम्हारा सभी संसाधनों पर
और बीते ज़िन्दगी तुम्हारी मौज-मस्ती में
पर क्या तुमने कभी सोचा कि कहीं
नफ़रत की आग में—
अपने देश की एकता, सौहार्द
और भाईचारा ही नहीं
पूरा देश ही न जल जाये।

गाली

तुम्हें कोई कहे चमार
तुम आमादा हो उठते हो मारने-मरने को
मैं तो आजीवन कहलाया चमार
फिर भी फ़ख्र है मुझे इस सम्बोधन पर
कभी मैंने गिले-शिकवे न किये
क्योंकि साफ़ है हमारा हृदय
पर तुम्हारे सीने में क्या है?
जातियों के छल-छद्म और मिथक
तो तुम्हीं ने ही बनाये हैं
तुमने कहा भंगी बनाकर छोड़ूँगा
पर मुझे बुरा नहीं लगा
जाने कैसे तुमने इन शब्दों को अपनी सियासत से
गाली बनाया है।
यह सब तुम्हारी कूटनीति की ही तो माया है।

अछूत

जूठन खाने का—
यह कैसा तिलिस्म।
पुरुष से मर्यादा पुरुषोत्तम हो गये राम—
शबरी की जूठन खाकर
और हम पले-बढ़े
जूठन पर ही आजन्म
मगर हम अछूत हो गये।
विदुर का शाक खाकर
भगवान हो गये कृष्ण
और हम पले—
शाक-पात पर ही जीवन भर
हम शूद्र हो गये।
यह कैसा तिलिस्म
कैसा भेदभाव यह
इस धरती के भगवानों का?

ओछे लोग

मैं करता उत्पादन
तुम करते उपभोग।
मैं उगाता फसलें
तुम भरते अपना गोदाम।
मैं ही बनाता घर तुम्हारे
सजाते तुम हमारी ही मेहनत पर
अपने महल।
मैं बनाता लोई, जूते, टोकरी, सारे सामान
पर विपणन तुम्हारे हाथ
मुनाफ़ा खाते तुम
और हम रह जाते फटेहाल।
पूँजी पर वर्चस्व तुम्हारा ही है
जो कमाई है तुमने छल-छद्म से।
चलाते हैं हम मशीनें और चरखे
खींचते हैं देश के विकास की गाड़ी हम ही
हाँफते हुए, भूखी अँतड़ियों वाले खाली पेटों से
और हम फिर भी ओछे
यह तो तुम्हारी ज़्यादती है।

आक्रोश

मैं जब जब
सोचता हूँ—
तुम्हारे बारे में
मेरे जेहन में नागफनी के काँटों-सा
चुभने लगता है कुछ
उग आती हैं
बड़े-बड़े काँटों वाली बबूल की झाड़ियाँ
मेरे अन्तस में
गूँजने लगते हैं ढेरों प्रश्न
झुलसने लगता है मन
प्रश्न-दर-प्रश्न—कि
यदि आबाद न कर पाते तुम
मुहब्बतों से यह देश
कम-से-कम बरबाद तो न किया होता इसे
अपनी नफ़रत की
फ़ितरत से।

साहित्य

यदि मेरा साहित्य
भूखों की रोटी
अधनंगों का वस्त्र
फुटपाथों पर रहने वालों का मकान
बन जाये।
यदि मेरा साहित्य—
सम्मानच्युत समुदाय को
सम्मान दिला पाये।
यदि मेरा साहित्य
शोषकों के हृदयों से घृणा के शोले
बुझा जाये।
यदि मेरा साहित्य
जाति-विहीन वर्ग-विहीन समतामूलक समाज की नींव की
ईंट बन जाये।
तो मैं समझूँगा ऐसे ही साहित्य के सृजन की
आवश्यकता थी।
मेरा श्रम सार्थक हुआ।

साहित्य-सृजन

साहित्य हम भी सृजित करेंगे
नहीं होंगे जिसमें छन्द, नहीं होंगे कोई बन्ध
नहीं होगी कोई रोक-टोक कलात्मकता की
पर होगी इसमें मेरी अपनी वेदना
मेरा अपना दर्द
मेरे अपने टीसते घाव
सदियों के सन्ताप–
जो सहते रहे हैं हम
जिया है जो हमने घुट-घुटकर
सहा है जो अपने सीने पर
पत्थर रखकर
पिया है जो अपने–
बन्द ओंठों से हमने।

कलम के जरिए

तुम फैलाते रहे गन्दगी
और मैं करता रहा साफ़-सफ़ाई
चलाता रहा अपनी झाड़ू।
तुम फैलाते रहे घृणा
मारते रहे हक़ हमारा
और मैं बेबस-बेजुबान
बाँटता रहा प्यार-सुख सबमें
तुम घोलते रहे ज़हर
और मैं पीता रहा अन्दर-ही-अन्दर घुटकर
जीता रहा मर-मरकर।
तुम करते रहे शोषण
जोंक बनकर
और मैं सहला भी न पाया
अपने टीसते घाव।
तुमने जब-जब भी फैलाई है दुर्गन्ध
तब-तब मैंने बिखेरी है ख़ुशबू
की मेहनत
रहा फिर भी ओछा मैं
और ऊँचे तुम।
मैंने अब उठा ली है कलम
झाड़ू के बदले
करेंगे साफ़ तुम्हारी सारी ज़िन्दगी
बचायेंगे हम
देश की टूटती एकता को।

निर्माण

गेहूँ की झूमती बालियों के दाने और
दाने से निकले हुए आटे से
बनी भीनी-भीनी ख़ुशबू वाली रोटियाँ
मेरे ही श्रम की लहलहाती निशानी है।
पत्थरों से तराशी हुई मूर्तियों ने
पायी हैं शक्लें हमीं से
हमीं ने दिया उन्हें रूप, आकार और सौन्दर्य
छेनी-हथौड़ियों से।
बहाये हैं हमीं ने पसीने इन देवताओं को
सजाने-सँवारने और खड़ा करने में।
तुम्हारी यह अजगरों के पेट जैसी फैक्ट्रियाँ
हमारे ही लहू और हड्डियों के बल पर
उगल रही हैं जीवनदायिनी रोज़मर्रा की उपयोगी वस्तुएँ।
गलाये हैं हमीं ने अपने शरीर इन दहकती जानलेवा शैतानी भट्ठियों में
मगर आज तुम्हें, हमीं को छूने में हिचक होती है।

आग पेट की

पेट की आग ही–
कराती है उनसे धन्धे
पेट की आग लिए ही–
वह तोड़ती है पत्थर
पेट की आग ही मज़बूर करती है–
उन्हें भट्ठों पर पसीना बहाने के लिए
पेट की आग लिए ही वह सहती हैं क्रूरता और शोषण
अपनी देह का उपभोग भी
वह नहीं रोक पाती हैं
उन कामुक दरिन्दों से
पलते हैं जो उन्हीं के श्रम पर इनसानी घड़ियाल
सारी बेपर्दगी सहती हैं वह अपने बन्द ओंठों से
जबकि तुम नहीं बर्दाश्त कर पाओगे–
अपने घर की औरतों की बेपर्दगी।
लुटती हुई आबरू।

भूख

मैं भूखा हूँ
मुझे रोटी नहीं मिली।
मैं भूखा हूँ सम्मान का
क्योंकि सम्मान के लिए छटपटाता रहा था मैं
सदियों-सदियों, पर वह शायद
आज या आगे भी
मिले या नहीं
क्योंकि क़ब्ज़ा जो जमा रखा है तुमने
इस पर—जाति का आवरण डालकर।
मैं भूखा हूँ शिक्षा का
शिक्षा जो तुम्हें सुलभ थी
शिक्षा जिसे देने का
ठेका था तुम्हारे पास
शिक्षा जिससे वंचित कर दिया था तुमने
हमें ही नहीं, समूची नारियों को इस देश की।
इसीलिए तो हमने शिक्षित होने का
संकल्प लिया है—
और पूरा करेंगे सपनों को अपने महामानव के
उतारेंगे जीवन में उनके महान सन्देशों को।

प्यास

प्यास बुझ न पायी थी हमारी
कि एक प्यास और जग आयी है अब–
सम्मान की।
याद हैं मुझे विद्यालयों के वे दिन–
जब हम नहरों व तालाबों का गन्दा पानी पीते थे
याद है जब मुझे स्कूल की बाल्टी छूने पर–
दण्डित किया गया था।
याद है मुझे जब मैंने गाँव से बाज़ार जाते हुए
बोझिल थके हुए पास के गाँव में
पीने के लिए पानी माँगा था–
और उन्होंने पूछा था किस जाति के हो–
मैंने बतायी थी उन्हें अपनी जाति
उनके मस्तक पर रेखायें खिंच आयी थीं क्रोध की
भला-सा उनका चेहरा विद्रूप हो उठा था
और प्यास से मज़बूर मैंने
अपने चुल्लू रोप दिये थे उनके आगे
जैसे मेरे चेहरे पर दीनता के–
कई वर्ष एक साथ उग आये हों।

आरक्षण-1

मेरे एक मित्र ने कहा
भाई मुझे भी आरक्षण दिलवाओ
मेरा भी कास्ट सर्टीफ़िकेट बनवाओ
मैं भी पा सकूँ नौकरी जिससे।
अब खेती में क्या रखा है
खेती तो अब जी का जंजाल है
मज़दूरों के न मिलने से बड़ा बुरा हाल है
ख़ुद ही ट्रैक्टर से जोतना पड़ता है
औरतें भी तो निकल नहीं सकतीं बाहर हमारे घर की
ख़ुद भी तो हमने पीढ़ी-दर-पीढ़ी से
अपने हाथ से काम नहीं किया है।
मैंने कहा, भाई! यदि बुरा न मानो तो
किसी गाँव में एक दिन के लिए सही
शिड्यूल्ड कास्ट बनकर जाओ
माँगो बताकर जाति पीने को पानी तब जानोगे तुम
घृणा कितनी मिली हमें
आरक्षण उसी घृणा का मुआवज़ा है जो कि—
समाज हमें घृणा को चुपचाप पीने के बदले
शोषण के दंशों को भुलाने के लिए बेमन से दे रहा है
यद्यपि आज भी वह
हमारे पथ में मौक़ा पाते ही
काँटे ही बो रहा है।

ज़मीन

सबके लिए जैसे हैं—
यह सूरज
यह चन्द्रमा
और तारे
और सबके लिए हैं जैसे—
यह धूप
यह चाँदनी
और झिलमिल प्रकाश
क्यों नहीं है वैसे ही
यह धरती सबके हिस्से में बराबर
क्यों नहीं वैसे ही
इसे भोगने का समान हक़ सभी को
क्यों कर दिये गये बेदख़ल
कुछ लोग
क्यों छीन ली गयी धरती
इनके पुश्तैनी बाशिन्दों से।

घर

घर...
घर ही तो नहीं है उन बेघरों के पास
बनाया जिन्होंने
अपना आशियाना फुटपाथों पर
रेलवे लाइन की पटरियों पर
बजबजाते गन्दे नालों के किनारे।
कुछ के पास घर हैं भी तो
उन मलिन बस्तियों में
झुग्गी-झोंपड़ी के रूप में
जहाँ न प्रकाश
न ही जहाँ शिक्षा है।
मलमूत्र व्ययन के साधन नहीं वहाँ
मच्छरों की दुनिया
गन्दगी, भय और आतंक
कच्ची दारू
नशे का साम्राज्य
लाटरी बिकती
लुटती आबरू
बहन-बेटियों की।
और हैं वहाँ मौसमी नेता और दलाल
बिकते हैं जो पाउचों पर
कर देते नीलाम जो
बची-खुची आबरू भी

और दे देते हैं अपना अमूल्य वोट
जिन्होंने किया है बेघर उन्हें
सजाये हैं जिन्होंने अपने महल
उन्हीं की ठिठुरती हड्डियों से।

सियासत

परम्परागत—
कलुषित
निहित स्वार्थवश निर्मित—
वह मकड़जाल
जो तुम्हारी शक्ति का आलम्ब था
आलम्ब वह जो धर्म का अवलम्ब ले—
बढ़ता रहा।
शक्ति—
वह जो अन्धविश्वासों का आश्रय ले पोषित हुई।
और—
शोषण का नायाब तरीक़ा
चलता रहा—
सदियों-सदियों तक।
पलती रहीं सुख-सुविधाओं में
तुम्हारी पीढ़ियाँ-दर-पीढ़ियाँ।
क्योंकि
विकास के मूलाधार—
शिक्षा से ही वंचित कर दिया था तुमने
करोड़ों-करोड़ों शोषित, दलित, पीड़ित जनता को
निश्चय ही प्रशंसा के योग्य हैं
सियासत के—
यह तुम्हारे हथकण्डे।
तुम्हारी
यह बाज़ीगरी।
मीठे ज़हर जैसा—
क्रूरताओं का

यह तुम्हारा कुत्सित इतिहास।
गन्दी मानसिकताओं के—
तुम्हारे अहसास,
स्वर्णाक्षरों में लिखे जाने चाहिए।
और वैसे भी तो तुम्हीं ने दिये हैं विश्व को—
कपटी ऋषि
द्रोणाचार्य जैसे विश्वासघाती गुरु, अर्जुन जैसे बनावटी धनुर्धर
जिसके लिए तुम्हारी कुत्सित व्यवस्थाओं के
षड्यन्त्र में—
कटते रहे हैं अँगूठे
सुयोग्य, प्रतिभाशाली व दक्ष एकलव्यों के।

सूरज

सच्चाई है कि सूरज
देता है सभी को रोशनी और जीवन
खोलता है सभी की आँखें
देता है हर रोज़ नयी दृष्टि
बिखेरता है आलोक
लाता है ख़ुशियाँ
सूरज कभी किसी कुन्ती का शीलहरण नहीं करता
वह नहीं भोगता किसी सुकुमारी की देह
सूरज कभी भी किसी कर्ण को जन्म नहीं देता
कदाचित सूरज का ऐसा करना
न तो जायज़ है
और न ही उसके चरित्र के माफ़िक।

पौधे

कभी सोचा क्या?
आपने—
उन पौधों के बारे में
जिनके नीचे की ज़मीन ही—
छीन ली गयी।
और बिछा दिये गये कंकड़-पत्थर
उनकी राहों में।
जिससे कि वह पनप न सकें
न कर सकें विकास।
छीन ली गयी उनकी खुराक—
धूल-धूसरित पलते रहे
फिर भी वे बढ़ते रहे।
तोड़कर पथरीली मिट्टी का आवरण
चलते रहे रोशनी की राह
सूरज की ओर।
पर वटवृक्षों से रहा न गया
विकास पौधों का उनसे सहा न गया
तलाशे जाने लगे यत्न
किये जाने लगे प्रयत्न
और दबा दिया गया उन्हें—
काली परछाईं तले।

परजीवी

तुमने जोते नहीं कभी खेत
चलाये कभी नहीं हल
रोपे नहीं पौधे
उगायी नहीं फसलें
फिर भी सभी खेत-खलिहान तुम्हारे हैं।
फसलें तुम्हारी हैं।
मुस्कान भी तुम्हारी है।
धन-धरती तुम्हारी है।
मुझे तो मिला है केवल
उपेक्षाओं का दर्द
सैलाब—
घृणाओं का
जिसे ओढ़ा है मैंने अपने बचपन से
जिन्हें ओढ़ा था मेरे बाप-दादाओं ने अपने बचपन से
पर तुम तो पनपते रहे पैर रखकर पेट पर हमारे
जैसे पनपती है अमरबेल पेड़ों पर
चूसकर
उन्हीं की ख़ुराक।

जोंक

जोंक जानती है सिर्फ़—
औरों का ख़ून चूसना
जोंक जानती है सिर्फ़—
औरों के ख़ून से
अपने क़द को बड़ा करना
बढ़े हुए अपने क़द के जुनून में—
जोंक जानती है सिर्फ़—
अपने शिकार को दर्द देना
दिन-ब-दिन,
उसे कमज़ोर करते जाना
मगर जोंक नहीं जानती कि एक दिन
उसका शिकार ज़रूर बिलबिलाएगा
दर्द जब सहा न जायेगा
और ख़ून घटता जायेगा तब
ज़रूर वह ग़ुस्साएगा।
और मसल दी जायेगी जोंक तब
जोंक नहीं जानती।

बाज़

तेज चोंचें तुम्हारी
नाखून भी धारदार
नज़र भी पैनी
पर खाते रहे तुम जानवरों का मांस
वैसे ही जैसे—
इस देश का मूल निवासी
बनकर स्वत्वहीन
ढोता रहा मरे जानवर
निकालता रहा उनकी खालें
खाता रहा उन्हीं का मांस
होते हुए भी शक्तिशाली षड्यन्त्रों से बना हुआ था असहाय
पर हे बाज़! अब जब जग गये हैं सभी असहाय
तुम भी तो कुछ बदलो।

परिन्दे

परिन्दे—
चहचहाते हैं
परिन्दे जहाँ चाहते हैं उड़ जाते हैं
परिन्दे घूमते हैं आकाश में उन्मुक्त
परिन्दे गुनगुनाते गीत गाते हैं
परिन्दों में एकता है
परिन्दे छोटे-बड़े का मन में भाव नहीं लाते हैं
क्योंकि परिन्दों में जातियाँ नहीं होतीं
जाति का अहंकार नहीं होता।

तितली

तितली उड़ती रही है–
स्वतन्त्र
निर्भय
मुक्त निर्भान्त
चतुर्दिक।
सरल था पोषण उसका कितना
पाती रही प्रकृति से–
भोजन नित-नित।
नहीं रहा लोभ कोई उसे
साधन-संचय का।
श्रम ही था उसके जीवन का आधार
निरन्तर कर्मरत रहकर ही–
कर पाती थी वह
अपना जीवनयापन।
सुखी था कितना
जीवन उसका–
संतोष से भरा
लालसाओं से विरत।
तितली बाज़ नहीं थी
दगाबाज़ भी नहीं थी वह।
नहीं पहुँचाई चोट उसने कभी
न दिया धोखा किसी को
उसने कभी नहीं मारा हक़ किसी का
स्वप्निल पथ पर, पंखों को फैलाये–
उड़ती जाती थी वह।
तो भी बच नहीं पायी वह–

शोषकों के ख़ूनी डैनों से।
तार-तार
कर दिये गये पंख उसके बार-बार।
तोड़ दिये गये उसके अधदिखे सपने सलोने
उपजाकर फ़रेबी फितूर—
बनावटी असमानताओं की
रंगों की
कभी भिन्नताएँ जो थीं उड़ने के ढंग में
चुने गये रास्तों की।
किन्तु आज तितली उदास नहीं है
अब तितली बेजुबान नहीं है
षड्यन्त्रों से अनजान भी नहीं है वह।
सीख लिया है उसने संघर्षों से—
जीने के लिए मरना।
लड़कर छीन लेना फिर से स्वत्व।
नहीं सह पायेगी वह अब
तपस्या के बदले—
शम्बूक जैसा किन्हीं अपनों का वध।
नहीं ले सकेगा—
फिर अँगूठा कोई
छली गुरु द्रोणाचार्य उसका।

कुत्ते

कुत्तों को तुम बैठाते हो
अपनी आलीशान गाड़ियों में
खिलाते हो उन्हें टोस्ट
नहलाते-धुलाते हो
प्यार से उन्हें सहलाते हो
पर आदमी के बच्चे–
जो पल रहे हैं अभावों में
बीत रहा है जिनका जीवन
कूड़े के ढेर में
रद्दी बीनते
भर रहा है
पेट जिनका होटलों में
बरतन माँजते
जो खो गये हैं झुग्गी-झोंपड़ियों में
अँधेरी गलियों में
उन्हें देखकर तुम घृणा से मुँह बिचकाते हो
यही नहीं तुमने पाल रखे हैं कुत्तेनुमा कुछ आदमी भी
जो डालते हैं डाका समाज पर
करते हैं अपहरण राजनीति और नीति का
छीनते हैं स्वत्व जो ग़रीबों का
क्यों न हो तुम्हें प्यार कुत्तों से
कुत्तों से ही नहीं कुत्तेनुमा आदमियों से भी
क्योंकि कुत्तों को
भाते हैं कुत्ते ही।

रूढ़ियाँ

रूढ़ियों के अन्धकार
सतरंगी सपने बन
विश्वास की सीढ़ियों पर
पग धरते–
घर करते गये हमारे अन्तस में
धीरे-धीरे।
आस्थाओं के प्रतिमान मान
अन्धविश्वासों की इन भटकन को
भोर की उजास जान
हम भरते रहे डग–
शोषण की इन अन्तहीन खाइयों में।
दोहरे मानदण्डों के सख़्त हो चुके इन दरख़्तों को
हमने नवीन ज्ञान के झकोरों से
झकझोरा है, हिलाया है, डुलाया है।
इन विष-वृक्षों की
लहलहाती बेल को
मन के दीपों की रोशनी में
जितना भी बन पड़ा हमने धक्का लगाया है।
कँटीले दंशों के ये ज़हरीले झाड़-झंखाड़
अबाध प्रवेश करते रहे हमारी जेहन में सदियों तक
कुन्द करते रहे हमारी कल्पनाओं को
हमारी संवेदनाओं को इन्होंने भोथरा बनाया है।
इनकी शिकार केवल कुछ महिलायें व बच्चे ही नहीं
अपितु इन्हें ही धर्मपोषित शोषण के अस्त्र बना उन शैतानों ने
हमारी पीढ़ी-दर-पीढ़ी को उल्लू बनाया है।

साज़िश

तुम बैठते रहे रिक्शे पर
और खींचता रहा मैं
भैंसेगाड़ी और ठेलेगाड़ी पर
लदता रहा तुम्हारा सामान
और पेट की भूख लिए
ठेलता रहा मैं उसे
मैं ढोता मरे हुए पशु
निकालता उनकी खालें
निकालता हड्डियाँ
पर सजती दुकानें जूतों की तुम्हारी ही
तुम करते रहे गन्दगी
और मैं करता रहा सफ़ाई झाड़ू लेकर
ढोता रहा तुम्हारा मैला
टोकरियों में सर पर
फैक्ट्रियों की मशीनों को चलाया हमने
और उत्पादित सामानों का उपभोग किया तुमने
घरों को बनाता रहा मैं
और रहते रहे तुम
ज़मीनों पर हल चलाये हमने
पर अनाज भरता रहा तुम्हारी बखरियों में
तैश में जब-जब मुट्ठियाँ भिंची मेरी
चेहरे पर जब भी आया आक्रोश
तुमने बताया कि यह सब किस्मत का खेल है
पाप है पुनर्जन्मों का
और भाग्यवाद-पुनर्जन्म की सीमा-रेखाओं में

मैंने समझा मेरी भी भाग्य-रेखाएँ
विलीन हो गयी हैं
मैंने यातनाओं को
अपनी नियति मान लिया
मैं जानने लगा कि सेवा करते रहना ही
मेरे कर्मों का प्रायश्चित्त है।

धर्म

धर्म
निर्धारित करता है जीवन-शैली
निर्देशित करता है श्रेष्ठ आचरण
धर्म जगाता है विवेक
उपजाता है करुणा
हिंसा से विरत करता है धर्म
लाता है समता
उठाता है वह गिरे हुओं को
बन्धुत्व की दिशा देता है धर्म
धर्म फैलाता है मैत्री
जातियाँ नहीं जन्माता
नहीं जन्माता पाखण्ड और रूढ़ियाँ
नहीं जन्माता नफ़रत
मनुष्यता के बीच
दीवारें नहीं खड़ा करता धर्म।

मन्दिर

देखता हूँ जब-जब
सामने संगमरमरी
विशाल मन्दिर
याद आने लगते हैं तब-तब
दुधमुँहें बच्चों के मुँह से छीन लिए गये
रोटी के निवाले।
और भूख से बिलबिलाते—
उनके चेहरे।
कारीगरों के श्रम सीकर के स्वेद कण
तसलों में गिट्टियाँ ढोतीं
पत्थरों पर अपने बच्चों को लिटाये हुए
थकी-हारी आदिवासी महिलाएँ
ऊपर से ठेकेदारों की—
झिड़कियाँ व गालियाँ।
अन्तर्दहन होता है तब जैसे
ग़रीब की रोटियाँ छीनकर
भूख से उन्हें तड़फता छोड़कर—
उनकी रोटियों को बदल दिया गया हो संगमरमर में।
और कर दिया गया हो खड़ा—
विशालकाय मन्दिर।
लगता है—
कि बीमारी से आहत बच्चों की दवा छीन ली गयी हो।
और छीन लिए गये हों उनके बदन के वस्त्र
कर दिया गया हो उन्हें बेघर।
और बदले में खड़ा कर दिया गया हो

यह एक बेजान, निष्प्राण—
उनके ख़ूनों से सना सफेद पत्थर।
जिसके नीचे दबा दी गयी हों उनकी चीत्कारें
मज़हब के नाम पर।
महज़ अपना उल्लू
सीधा करने के वास्ते।

ईश्वर नहीं है

(1)

देखता हूँ जब भी
किसी ग़रीब की पीठ पर–
शोषण के बेरहम निशान।
लगता है जैसे–
ईश्वर है ही नहीं।
जब भी सुनता हूँ नुचती हुई नारी का चीत्कार
बनायी जाती देवदासियाँ
उठते हैं मेरे मस्तिष्क में प्रश्न
ईश्वर हो ही नहीं सकता।
जब भी देखता हूँ–
भूख से तड़फते बच्चों को
उजाड़ी जाती झुग्गी-झोंपड़ियों को
मुझे लगता है–
ईश्वर कुछ लोगों के स्वार्थ की उपज है।
जिससे कि वह सजाते रहें महल अपने–
मिटाकर ग़रीबों की झोंपड़ियों को।
खाते रहे मालपुआ
छीनकर दुधमुँहे बच्चों के
रोटी के निवाले।
और पूरी करते रहे अपनी कामेषणा
ईश्वर के पाखण्ड के सहारे
बनाकर औरतों को देवदासियाँ।

(2)

कलुआ ने आज भी
पसीना बहाया।
मजूरी की पूरा दिन
पूरा दिन
मशक़्क़त की जी भरकर
कलुआ ने आज भी
मालिक से मज़दूरी माँगी।
आज भी कलुआ ने
मिन्नत की मालिक से–
मगर आज भी मिली
कलुआ को झिड़की
आज भी कलुआ को टरका दिया मालिकं ने कल पर।
मन मसोसकर भूखे पेट
लौट आया अपनी झोपड़ी में वह
पसर गया खटिया पर
खटिया से निहारने लगा आकाश
जैसे कोई महाशून्य
असीम–
सीमाहीन महाशून्य।
सोचने लगा कलुआ
कि लेकर हाथ में इन्साफ़ का तराजू–
ईश्वर तो न्याय करता है
दुखी-दीनों के कष्ट हरता है
यह कैसा ईश्वर है
कि जो पसीना बहाता है
मशक़्क़त करता है
मयस्सर होती है उसे झोंपड़ी
मिलती है उसे मार
और गालियाँ
और मार ली जाती है उसकी मज़दूरी

और जो नहीं बहाता अपना पसीना
नहीं करता जो मशक़्क़त तनिक भी
मयस्सर होता है उसे महल
मिलती है उसे शीतल बयार
और खाने को भरपेट भोजन।
नहीं पड़ती उस पर मार
नहीं छीना जाता उसका काला धन
ईश्वर के होते
तुला का सन्तुलन खोता ही नहीं
सभी समान होते
कोई छोटा–
कोई बड़ा होता नहीं
इसलिए ईश्वर इस दुनिया में
शायद
कहीं है नहीं।

द्रौपदी

द्रौपदी!
क्या तुझे लाज न आयी होगी?
जब तू बाँट दी गयी थी वस्तु की तरह
पाँच पतियों में।
द्रौपदी! क्या तू न शरमायी होगी?
जब तू अंकशायिनी बनी होगी
पाँच-पाँच पुरुषों की।
द्रौपदी। क्या तू न घबराई होगी?
जब तेरी सास का आदेश हुआ था
बाँट लो बराबर-बराबर पाँचों भाई।
द्रौपदी! क्या तू न तड़फड़ाई होगी?
परिन्दे की तरह राजमहल के पिंजरे में बन्द होकर।
तेरे सीने में भी तो एक अदद धड़कता दिल रहा होगा
जो करता रहा होगा विद्रोह शोषण के विरुद्ध
क्या तेरी भावनाओं के ज्वार लोहे के मानिन्द पिघले नही होंगे कभी?
पिघले होंगे ज़रूर—
पर अन्धविश्वासों की काई तले ठण्डे होकर
बदल गये होंगे लोहे के सख़्त काले पिण्डों में
और तू बन गयी होगी पाँच पतियों की
पति-परायणा नारी
सिसकती, सुबकती, अन्दर सुलगती
बाहर से मोम की गुड़िया सरीखी
दबा दिया गया हो जैसे दहकते-उफनते लावे को
चट्टानों के नीचे धरती की अतल गहराइयों में।
पर अब कोई द्रौपदी जन्म नहीं लेगी

कर देगी वह विद्रोह निर्ममताओं के विरुद्ध
चाहे वह धर्म का आधार लेकर पले-पुसे
या दोहरी नैतिकताओं के बीच पनपे
आधुनिक नारी नहीं कर पायेगी सहन
शोषण के इन ज़हर-बुझे तीरों को
सीने का ज्वालामुखी उसके
लावा बनकर फूट ही पड़ेगा।

गांधारी

गांधारी!
तू भी थी अजब विलक्षण नारी
तूने आँखों में पट्टी बाँधी
और करती रही सेवा आजीवन
अथकित श्रद्धा भाव से
लेकिन क्या वह वरेण्य था
गांधारी! तुम्हारा आचरण
क्या प्रशंसा के योग्य था
क्या वह ग़ुलामी न थी
या न थी नादानी।
हम कैसे यह कह सकते हैं
थी तुम प्रतिष्ठा की अधिकारी
तुम पर तो छाया था अन्धविश्वास व धर्म का जुनून
नेत्रहीन पति की ख़ातिर
आँखों में पट्टी बाँध लेना था कहाँ का कानून।

एकलव्य

हे एकलव्य! तुम कितने महान थे
वीरता के साथ-साथ भरा हुआ था
मनुष्यता का अजस्र स्रोत
तुम्हारी रग-रग में।
तुमने की थी साधना, किया था ज्ञान का अर्जन
और बन गये थे तुम श्रेष्ठ धनुर्धर
पर द्रोणाचार्य जिसे माना था तुमने अपना गुरु
गुरु नहीं वह तो आततायी निकला
जिसने माँग लिया था दाहिना अँगूठा तुमसे
जिससे कि रह न सको तुम योग्य धनुर्धर
क्योंकि कोई शूद्र बन जाये सम्माननीय
बन जाये शक्तिशाली
बन जाये योग्य
दे वह दिशा समाज को
यह द्रोणाचार्य को, द्रोणाचार्य की जाति को
उनके द्वारा निर्मित व्यवस्थाओं को
बरदाश्त न था।

शम्बूक

हे महामानव शम्बूक! तुम आज भी मरे नहीं हो
जीवित हो हमारी स्मृतियों में
जीवित हो हमारी आशाओं-आकांक्षाओं में
जो खड़ी हो उठती है बार-बार-लगातार
टकराने को उन व्यवस्थाओं से
जो देती हैं हमें पीड़ा, करती हैं जो उपेक्षा
फैलाती हैं जो घृणा, बदलती हैं जो रूढ़ियों में
लहलहाती हैं जो अन्धविश्वास बनकर
रोकती हैं जो हमारे विकास के पथ
जब भी यह व्यवस्थाएँ
जो बनायी गयी हैं हमारे दलन के लिए
उनकी स्वार्थलिप्सा में
खड़ी होती हैं रोड़े बनकर पथ में
उगाती हैं काँटे
फैलाती हैं ज़हर
बार-बार तुम्हारी स्मृति उग आती है–
हमारे सीने में प्रेरणा बनकर
आक्रोश बनकर
और शक्ति का संचरण हो उठता है हममें
भिंच जाती है हमारी मुट्ठियाँ
खौल उठता है हमारा ख़ून
टकराने को उन व्यवस्थाओं से।

युधिष्ठिर

वही तो हो सकता है
युधिष्ठिर!
जो रहे थिर युद्ध में
निरपेक्ष हों जिसके विचार
आश्रय हो सत्य जिसका
वही तो हो सकता है–
युधिष्ठिर!
युधिष्ठिर वह नहीं–
जो झूठ बोले
सहारा ले कुंजर का
और कराये संहार अश्वत्थामा का।
युधिष्ठिर वह नहीं
जो हार जाये अपनी पत्नी को
जुए में
और देखता रहे जिसे वह अवाक्
निर्वसन होते हुए
एक नपुंसक मर्द की तरह।

आदि निवासी

सरासर
यह तुम्हारी बेईमानी है
ढोंग है तुम्हारा
यह देश तुम्हारा
कभी नहीं रहा
कभी नहीं रहे तुम
देश के लिए
तोड़ा है तुमने
रोम-रोम देश का
खण्ड-खण्ड हुआ यह देश
तुम्हारी बदौलत
तुम्हारी ही बदौलत
बँटा यह समाज
बँटा आदमी
बनी जातियाँ।

महान कौन?

अपना देश महान है
क्योंकि महानता यहाँ के लोगों की
रग-रग में है।
महानता इनके कर्मों में है
और यहाँ महान उन्हें माना गया
जिनके आचरण भी महान रहे
महान थे द्रोणाचार्य!
जिन्होंने छल से माँग लिया अँगूठा एकलव्य का
महान था आम्भी!
जिसने देशद्रोह कर सिकन्दर को
रास्ता दिया था भारत-विजय का
महान थे अर्जुन!
जिन्होंने निहत्थे कर्ण पर वार किया
महान थे वे पण्डित-पुरोहित!
जो लुटता देखते रहे सोमनाथ
महान हैं वे मन्दिर के पुजारी!
जो धर्म के नाम पर
नारियों को बनाते रहे देवदासियाँ!
महान हैं वे इंजीनियर!
जो बनाते हैं रेल के पुल, ढहते बाँध
निकालते हैं नहर
जिससे बुझती नहीं प्यास ग़रीबों की
पर उन महान लोगों का
पेट ज़रूर बढ़ जाता है।

असुविधा

सुविधाएँ तुमने हड़पीं
साधन सभी तुम्हारे हैं
ज़मीन तुम्हारी है, बाग़ तुम्हारे हैं
खेत-खलिहान भी तुम्हारे हैं
ऊँचे आलीशान बँगले तुम्हारे हैं
शिक्षा तुम्हारी है, स्कूल भी तुम्हारे हैं।
विकास के सारे पायदान तुम्हारे हैं
कूलर, पंखे, एयरकंडीशन, कार, मनोरंजन के साधन
खेल और खेल के मैदान भी तुम्हारे हैं
उजाले तुम्हारे हैं, साहित्य तुम्हारे हैं
पर सूरज की किरणें यदि दे रहीं उजाला—
हमारे भी आँगन में कुछ
फूटने लगी है कलियाँ विकास की यदि मेरी भी चौखट पर
तुम्हें इसे देखकर असुविधा क्यों?
सोच रहे होंगे कौन करेगा सेवा तुम्हारी?
खायेगा कौन गालियाँ?
कैसे पूर्ण होगा अहंकार सम्मान का तुम्हारे?

शिक्षा

शिक्षा ज्ञान देती है
मान देती है शिक्षा
सामर्थ्य देती है शिक्षा
शिक्षा शक्ति देती है
अन्याय से प्रतिकार की।
शिक्षा मुहैय्या कराती है साधन
अपने पैरों पर खड़ा होने के
शिक्षा जगाती है हममें
भावनायें आत्मसम्मान की।
सुझाती है शिक्षा
रास्ते विकास के
करती है पैदा विवेक
दूर करती है अन्धविश्वास।
रूढ़ियों और वर्जनाओं से
मुक्ति देती है शिक्षा
शिक्षा सिखाती है
शिक्षा को ग्रहण करना।
किन्तु यहाँ तो शिक्षा ही हुई पाबन्द
हुई चन्द लोगों की मुट्ठी में बन्द
और वंचित हुए ढेर सारे लोग शिक्षा से।

योग्यता

योग्य हैं वे
जिन्होंने बनायी है
जातियाँ।
योग्य हैं वे
जिन्होंने गढ़े हैं धर्म
फैलाये हैं अन्धविश्वास
खड़े किये हैं पाखण्ड।
योग्य हैं वे
जिन्होंने बनायी है सीमायें
खड़ी की हैं दीवारें
मानवता के बीच।
योग्य हैं वे
जिन्होंने खिलवायी हैं ख़ून की होली—
मज़हबों के नाम पर।
योग्य हैं वही
क्योंकि सजाये हैं उन्होंने महल अपने
सियासत के बल पर
कभी धर्म का आधार लेकर
कभी जाति का
और अब वे ही
शासन-प्रशासन में भागीदारी के लिए—
योग्यता के मुद्दे उठाते हैं
और कसते हैं फ़िक़रे बहुसंख्यक समुदाय पर
अपने अख़बारों के सम्पादकीय में।
अख़बार जिन्हें उन्होंने अपने धन-बल से
अपने छल-बल से

अपनी कूटनीति व समृद्धि का साधन बनाया है।
जो नहीं है जन-जन की आवाज़
क्योंकि जन तो आज भी अभावों में पलता है
ख़ैराती अस्पतालों की चौखट पर—
घिसट-घिसट कर
सिसकियों में दम तोड़ता है
और उसका बचपन
झुग्गी-झोंपड़ियों की बदहाली में
आज भी रोता है।

अफ़सर

कलुआ का छोटकवा लौंडा
अफ़सर बन गया है—
विराजमान हो गया है
बड़ी कुर्सी पर।
अब वह कितना सुन्दर लगने लगा है
सारी बातें उसकी लुभावनी लगने लगी हैं अब
पहले इसे देखकर बाबू साहब को
कितना ग़ुस्सा आता था
अब वह उसे चैतुआ न कहकर
श्री चेतराम जी बुलाते हैं
उसकी हाँ-में-हाँ मिलाते हैं
उसके साथ गप्पे-कहकहे लगाते हैं
उनकी छुटकी बिटिया अर्पिता भी
चैतुआ से बात करने का कोई भी मौक़ा नहीं गँवाती
ठिठकती, शर्माती, लजाती इशारे से वह कह ही जाती है
चैतुआ भी इन सबसे अनजान नहीं है
उसके भी शरीर में गर्म ख़ून है, बेजान नहीं है वह।
वह जब भी बाबू साहब से बतियाता है
या कहिये उनकी छुटकी से नज़रें मिलाता है
उसे याद आती है उसके बचपन की वह घटना
जब इन्हीं बाबू साहब ने उसे गन्ने के एक टुकड़े के लिए
उसी गन्ने से कितना मारा था
और हरे होने लगते हैं उसके घाव
दफ़न हैं जो उसके सीने में अँगारों की तरह।

चुनाव

हमने नारों में सपनों को बुना
हमने नारों पर सेंकी अपनी रोटियाँ
हमारे पेट भरे जाते रहे नारों से
ललक जगती रही थी हमारी नारों से
पर हमें कुछ भी न मिला इन नारों से
चलता रहा नारों का यही सिलसिला
और देते रहे हम वोट तुम्हें
हमारी लालसायें पल्लवित होती रहीं बार-बार
पर पूरी न हुई एक भी
मिटती रहीं, बनती रहीं
अब हमने भी ठानी है
तुम्हारी सूरत पहचानी है
खड़े किये हैं हमने भी अपने सपनों के महल
अपने नुमाइन्दों के कन्धों पर
जो उपजे हैं हमारे बीच से ही
चुनेंगे उन्हें ही हम
अब अपना रहनुमा।

घिनौनी चालें

सचेत, शिक्षित, समझदार को
दास बनाना आसान नहीं
आसान नहीं जब तक–
उसकी चेतना, शिक्षा और समझ
की न जाये दफ़न–
की न जाये दफ़न–
उसकी ऐतिहासिक धरोहर
और मिटाई न जाये–
उसकी संस्कृति और सभ्यता
ऐसा किये बगैर
पूरी नहीं हो सकती
किसी को दास बनाने की इच्छा
ऐसा किये बगैर
दबाई नहीं जा सकती कोई क़ौम
दबाया नहीं जा सकता कोई पूरा समाज
ऐसा किये बगैर
पूरी नहीं हो सकती
आदमी के विरुद्ध
आदमी की लिप्सा।

सहभोज

बहुत अटपटा लगा मुझे
देखकर स्वतन्त्रता दिवस पर–
सहभोज का आयोजन।
मुझे लगा कि तुम अब भी
प्रमाणित कर रहे हो यह–
कि हम अछूत हैं
फिर भी कर रहे हो तुम भोजन हमारे साथ
जिससे दिखाई पड़े भाईचारा
तुम्हारी सहृदयता
तुम्हारा बड़प्पन
उदारता तुम्हारी
और तुम कहला सको महान।

नशा

नशा हम नहीं करते
नशा तुम करते हो अपनी जाति का
धर्म और अपने बनावटी
बड़प्पन का
अर्जित किया है तुमने जिसे
अपनाकर छल और छद्म
सदियों से नशा
तुम करते हो
अपनी ताक़त का
गिरोहबन्दी का
झूठे दिखावों
ऊँचे होने की झूठी घोषणाओं का
नशा तुम करते हो।
व्यथित होते हैं हम जब अशिक्षा से
सहा नहीं जाता अपमान
होती हैं यन्त्रणाओं की थकान जब
तब पी लेते हैं कभी कच्ची दारू, कभी भाँग
भुलाने के लिए अपना ग़म
पर तुम तो पी-पीकर हमारा ख़ून
चूस-चूसकर हमारी हड्डियाँ
पालकर ऊँचे होने का दर्प
अकड़ी गरदनों का बोझ अपने कन्धों पर डाले
हमेशा नशे में रहे
कभी नहीं उतरे नीचे उस ज़मीन पर

जो है ज़मीन मानवता की
जो है ज़मीन समानता की
जो है ज़मीन मैत्री की
करुणा और भाईचारे की
एकता की।

कृषि-मज़दूर

मैं जोतता रहा खेत तुम्हारे
बोता रहा उसमें अनाज
सींचता रहा उसे अपने पसीने से
और तुम देते रहे गालियाँ-झिड़कियाँ
काटते रहे पेट हमारा
हड़पते रहे मेहनत
छीनते रहे आत्मसम्मान
कुचलते रहे स्वाभिमान
नंगे पाँव अधनंगे शरीर से—
काटते हुए सरसों, गेहूँ, गन्ने की फसलें
मेरे पैर लहूलुहान हो आये
मेरे हाथों में पड़ गये छाले
मैंने देखा तुम्हारी तरफ़ आशाओं से
पर तुमने दी हमें इसके बदले
घृणा और केवल घृणा
घृणा का एक अनवरत सिलसिला
पर फिर भी हम विद्रोह न कर पाये
अनजाने में ही भरती गयी थी हमारी रग-रग में
तुम्हारे प्रति स्वामिभक्ति।
पर जब भी मैं सोचता हूँ अब
तो मुझे लगता है कि मेरा चेहरा
बदल गया हो कुत्ते के चेहरे में
और मन में लिजलिजाहट-सी भर आती है।

जाति-विहीन वर्ग-विहीन समाज

जातियाँ तोड़ती हैं मुनष्य को
जातियाँ जन्माती विलगाव
जातियाँ उपजाती हैं घृणा
जातियाँ मिटाती हैं भाईचारा
जातियाँ बोती हैं ज़हर दिलों में
जातियाँ बुनती हैं असमानता
वर्ग बनाते हैं स्तर
पैदा करते हैं शोषक व शोषित
तभी तो हम कटिबद्ध हैं
बनाने को समाज
जिसमें न हो जातियाँ
न ही हों वर्ग
हम नहीं चाहते संकीर्ण आदमियों वाला
जर्जर कोई समाज
राष्ट्र और देश।

आरोपित व्यवस्थाएँ

जातियाँ नहीं होतीं
प्राणियों में
होते हैं पृथक्-पृथक् प्राणिवर्ग
जैसे सभी गायें गायें हैं
या सभी शेर शेर हैं
और होता है उनमें सम्बन्ध
खान-पान से लेकर बच्चा जनने तक का।
पर अपने देश में उल्लू के पट्ठों ने
बना दी हैं आदमियों की जातियाँ।
जिससे एक प्रतिष्ठा पाता रहे
दूसरा अन्दर-ही-अन्दर तिलमिलाता व सकुचाता रहे।
एक को सुख-सुविधायें मिलें
दूसरा भूख से बिलबिलाता रहे।
एक करता रहे सेवा
दूसरा मेवे उड़ाता रहे।
एक सजाये महल-दुमहले
दूसरा अपनी झोंपड़ी में गर्मी में हाँफता व ठण्डक में ठण्ड से थरथराता रहे।
एक दोनों हाथों से पैसे उड़ाता रहे
दूसरा कौड़ी-कौड़ी को मोहताज हो दया के लिए गिड़गिड़ाता रहे
एक करे जूठन से उदर-पोषण
दूसरा मालपुए उड़ाता रहे।
एक करे नुमानइन्दगी, बने रहनुमा समाज का
दूसरा पीछे-पीछे पूँछ हिलाता रहे।

कड़वे-कसैले अहसास

झटक दिये सपने हमारे
और मरोड़ दी गरदन हमारी आस्थाओं की।
फैला दिया तूने ज़हर समूचे परिवेश में
आरोपित असमतामूलक कुत्सित व्यवस्थाओं की।
कल्पनायें भी नहीं, भावनायें भी नहीं
सुन्दर-सुखद सपनों की संवेदनायें भी नहीं।
मर-मरकर जी रहा है यहाँ आम आदमी
संसाधन तो हैं बहुत पर बराबरी की व्यवस्थाएँ ही नहीं।
हीनता के भावबोध घर कर गये संवेदनाओं में
दासता के दंश टीसते रहे बराबर घावों में।
फूलों की कामना तो हमने की भी न थी
फिर भी बिछा दी गयी कँटीली नागफनी हमारी राहों में।
चालबाज़ियाँ जो धरोहर रही हैं उनकी
छल-छद्म जो बुद्धि का पर्याय है उनके।
षड्यन्त्र के कूटनीतिक कारनामें जो उनके बुद्धि कौशल हैं
उनसे मुक्त रहकर भी हम बराबरी के इनसान भी न बन सके।

सिसकता आत्मसम्मान

(1)

स्वतन्त्रता के अधूरे अहसास से—
धूमिल आत्मसम्मान के व्यथित क्षणों में
ठहर-ठहरकर स्मृतियों के दंश
घावों को हरा कर देते हैं
याद आती हैं पगडण्डियों पर से भी—
न गुज़रने देने की रोक-टोक
शिक्षकों-सहपाठियों की कुटिल दृष्टि
उनके बिहँसते-खिझाते अट्टहास
और ठेस पहुँचाते
घृणित-असमान व्यवहार
पीढ़ियाँ-दर-पीढ़ियाँ वंशजों के बेगार
ढंग से कपड़े न पहन पाने की मज़बूरी
अन्धकार में डूबे घरों में
टिमटिमाती ढिबरी की लौ
और करुण क्रन्दन की चीत्कार भरी
यादें भूखे नंगे बचपन कीं।

(2)

सम्भव है कि—आज़ादी
तुम्हें अपरिचित सी लगे।
क्योंकि
इन अहसासों की अनुभूति के अवसर—
तुम्हें मिले ही नहीं।
आज़ादी का मतलब?

इज़्ज़त की ज़िन्दगी–
भरपेट भोजन
जीवनयापन के साधन–
और शिक्षा के अवसर।
ढके तन–
निखरे बदन।
पर ग़ुलामी?
ग़ुलामी तो तुम्हें ख़ूब याद होगी।
क्योंकि वह तो–
तुम्हारे नाम की ही पर्याय बन चुकी है
कीड़े-मकोड़ों से बदतर ज़िन्दगी
तालीम के अवसरों का अभाव
छीजती इज़्ज़त
बिखरते सम्मान
लुटती बहन-बेटियों की आबरू।

आज हम स्वच्छन्द हैं

आज हम स्वच्छन्द हैं
दहेज की बलिवेदी पर—
नववधुओं को जलाने के लिए।
हम स्वच्छन्द हैं आज
नारी अंग-प्रदर्शन कर वस्तुओं के विपणन के लिए।
आज बलात्कार एक आम बात हो गयी है—
क्योंकि हमारी मुट्ठी में है कानून
अधिकारी—
राजनेता—
कुछ ख़रीदे हुए—
या कि कुछ भयभीत
और हम रौंदते जा रहे हैं
अपने बूटों तले—
मानवाधिकारों को।

सँभलो

चुरा लिए तुमने
हमारे रास्ते विकास के।
लगा दिये प्रतिबन्ध
हमारी शिक्षा पर।
फिर भी तुम कहते हो—
कि शासन-प्रशासन में
होनी चाहिए भागीदारी—
सिर्फ़ सुयोग्यों की।
अपना मायावी मकड़जाल यह—
तुम कब तक फेंकते रहोगे
देश की करोडों-करोड़ों
शोषित, पीड़ित, दलित जनता पर।
घबराओ नहीं! समय आ गया है
जब दौड़ेंगे हम आगे
और छोड़ देंगे पीछे तुम्हें तुम्हारे दर्प के साथ
पहचानो! परिवर्तन की लहर
जल्द ही टूटने वाले हैं—
शीशों के घर तुम्हारे
शोषण के, धार्मिक बाह्याचारों के।

शोषण-मुक्तिदूत महामानव ई.बी. रामास्वामी नायकर

निषेधों, घृणाओं, उपेक्षाओं से
जूझता रहा जीवन भर
सम्मान की ललक लिए शोषित समाज
स्वाहा होता रहा
उसका अपना आत्मसम्मान
शोषकों की सम्मान की आग में
विवश वह करता रहा
दूसरों की सेवा
गालियों-झिड़कियों के बीच
होता रहा उसका उदर-पोषण
दूसरों की जूठन पर
तभी हुँकार उठा
वह महामानव
उद्घोष किया आत्मसम्मान का
वह सिर्फ़ शब्द नहीं
आन्दोलन बना तमिलनाडु की धरती पर
और फिर फैलता गया समूचे देश में
शोषितों को मिला एक नया आवाहन
मिली एक नयी परिभाषा
और फिर झुक गये करोड़ों सिर
उस महामानव नायकर के आगे।

समता के दीप जलायें

आओ, हम सब मिल-जुलकर समता का दीप जलायें।
सोये-मुरझाये मनों में भी नयी आश जगायें॥
ग़ैर-बराबरी ने हम सबमें ख़ूब ज़हर भर डाला।
साम्प्रदायिकता की चिनगारी आज बनी है ज्वाला॥
घृणा की लपटों में जलकर हमने सोचा, न ही विचारा।
छोटे-बड़े के भेदभाव में ख़त्म हुआ भाईचारा॥
ख़तरे में है एकता हमारी, ख़तरे में उत्थान।
हमें छेड़ना होगा मनुज प्रेम का व्यापक इक अभियान॥
जातिभेद व वर्गभेद का मिटाकर अँधियारा।
बहानी होगी हमें मैत्री व सौहार्द की शीतल जल-धारा॥
जाति-पाँति से ऊपर उठकर हमें देश-प्रेम निभाना होगा।
दलित-शोषितों को भी विकास में आगे लाना होगा॥
नहीं लड़ाई नहीं जुदाई, आपस में सब भाई-भाई।
नव-विकास की आँधी आयी, घर-घर में है खुशियाँ छायी॥
युद्ध-विभीषिका, भेदभाव में मानव रहता आया व्यस्त।
सबको शिक्षा, सबको वस्त्र, नये युग का है यह अस्त्र॥
आओ हम सब मिल-जुलकर समता का दीप जलायें।
सोये-मुरझाये मनों में भी नयी आश जगायें।

आदमी

आदमी!
आदमी ही नहीं होता है।
आदमी ब्राह्मण होता है,
आदमी क्षत्रीय होता है,
आदमी वैश्य होता है,
आदमी शूद्र होता है,
आदमी अगड़ा होता है,
आदमी पिछड़ा होता है,
आदमी कमज़ोर होता है,
आदमी शक्तिशाली होता है,
आदमी आम होता है,
आदमी खास होता है,
आदमी अमीर होता है,
आदमी ग़रीब होता है,
आदमी आभिजात्य होता है,
आदमी अस्पृश्य होता है,
आदमी शोषक होता है,
आदमी शोषित होता है,
आदमी!
आदमी ही नहीं होता है।
बाकी सब कुछ होता है आदमी।
क्योंकि जन्म लेते ही आदमी—
बँट जाता है जाने,
कितने खाँचों में।
दरअसल आदमी—
कभी होता ही नहीं है आदमी।

आदमी जन्म लेते ही–
बँट जाता है वर्णों में
बँट जाता है जातियों में
आदमी ओढ़ लेता है निष्ठायें,
प्रतिबद्धताएँ, संकीर्णताएँ,
और फिर आदमी आदमी नहीं होता।
नहीं होती है उसमें आदमियत।
जन्म लेती है उसमें
नफ़रत, घृणा, आशंका, शक
आदमी के प्रति।
और फिर आदमी राष्ट्र नहीं होता।
नहीं होता उसमें भाईचारा, सौहार्द,
एकता, अपनापन।
सबके समान विकास की भावना,
प्रेम, समता।
और फिर आदमी हो जाता है–
केवल जाति।
केवल वर्ण।
आओ! हम सब उठा लें कुदाली,
उठा लें फावड़े,
उठा लें कलम,
और दफ़ना दें गहरे–
इस जातिवादी, वर्णवादी व्यवस्था को।
जिससे फिर से जन्म ले सके–
आदमी।
केवल आदमी,
दरअसल मुकम्मल आदमी।

आर्य

नहीं हो सकते आर्य,
मूल निवासी,
इस देश के।
क्योंकि
कोई भी व्यक्ति,
कोई भी समूह,
अपने ही देश के निवासियों पर
दुश्मन के मानिन्द
साज़िशन—
इस तरह—
नहीं करेगा प्रयोग—
अपने शस्त्र, शास्त्रों का।
बनाये रखने के लिए उन्हें ग़ुलाम—
नहीं गढ़ेगा वर्ण-व्यवस्था।
नहीं थोपेगा उन पर जातिवाद—
नहीं चूसेगा लहू—
अपने ही भाइयों का
गढ़कर अन्धे कानून।
उपजाकर पाखण्ड, भय और भ्रान्तियाँ
नहीं तोड़ेगा राष्ट्र की एकता
फैलाकर ऊँच-नीच का भेदभाव
नहीं घोलेगा विषमता का विष—
बुनकर अस्पृश्यता का जाल।
बाधित नहीं करेगा—
अपनों का ही विकास।

नहीं करेगा अपने ही देश को कमज़ोर,
देकर न सबको बराबर का मौक़ा
देशहित लड़ने का।
शिक्षा अर्जित करने का।
समान गति से—
आगे बढ़ने का।

पुनर्जन्म

तुम कहते हो आत्मा अजर-अमर है।
वह नहीं मरती,
शरीर बदलती है वैसे ही
जैसे हम कपड़े बदलते हैं।
यदि तुम्हारी आत्मा—
अगले जन्म में
किसी कुत्ते, घोड़े, गधे
के शरीर में प्रवेश कर गयी तो
बताओ तुम क्या करोगे?
यदि तुम्हारी आत्मा किसी अछूत,
मुर्दे जलाते किसी डोम
पाखाना कमाते किसी भंगी,
सुअर काटते किसी खटिक,
जूता बनाते किसी जाटव
मरे जानवर की खाल निकालते किसी चमार
नाली में बिलबिलाते किसी कीड़े-मकोड़े
के शरीर में जा घुसी तो तुम क्या करोगे?
क्या होगा तुम्हारी इन व्यवस्थाओं का,
इन थोथे दर्शनों का,
बताओ! बताओ! क्या तुम तब भी
ऊँच-नीच का ढोंग करोगे?
पुनर्जन्म के झूठे किस्से गढ़ोगे।
इस जन्म की मेहनत का फल—
अगले जन्म में मिलेगा

की बातें करोगे?
तब होंगे तुम्हारे भी एक-एक क्षण–
यातनाओं के वर्ष जैसे।
क्या तुम तब
चुल्लू भर पानी में नहीं डूब मरोगे?

चौदह अप्रैल

14 अप्रैल,
दिवस है प्रेरणा का, दिवस है प्रोत्साहन का।
दिवस है अस्मिता का, दिवस है जिजीविषा के विकास का।
14 अप्रैल,
दिवस है संकल्प का, दिवस है रूढ़ियों से मुक्ति का।
दिवस है महामानव के स्मरण का, दिवस है संघर्ष के आवाहन का।
14 अप्रैल,
दिवस है समता के स्थापत्य का, दिवस है स्वतन्त्रता का।
दिवस है बन्धुत्व का, दिवस है भाईचारे का।
14 अप्रैल,
दिवस है दलित चेतना का, दिवस है नारी जागरण का।
दिवस है संविधान की रक्षा का, दिवस है मानवीय गौरव का।
14 अप्रैल,
दिवस है श्रमिकों की आज़ादी का, दिवस है मानवाधिकारों के अंकुरण का।
दिवस है क्रान्ति के स्फुरण का, दिवस है मानवता का।

माँ

हे माँ!
ठीक ही हुआ जो मैं तेरी कोख से पैदा हुआ
नहीं तो बन न पाता श्रमजीवी
हो जाता परजीवी
नहीं होती संवेदना
नहीं सताती किसी की वेदना
न कर पाता किसी से प्यार
चलता रहता मेरे भी अन्तस में घृणा का व्यापार
मैं भी लिखता क्रूरता का ही इतिहास
हो न पाता मुझे मानवता का आभास।

ऊँचे कंगूरे

जब मैं देखता हूँ
तुम्हारे महलों के ऊँचे कंगूरे
ताड़नुमा तुम्हारी बढ़ी हुई ऊँचाई
तुम्हारे फैलते आकार
तुम्हारी बुलन्द आवाज़
तुम्हारा बाहुबल
लीलते भू-सम्पदा उदरस्थ करते धन तुम्हें
मुझे लगता है मेरे ही लहू के क़तरे हों
मेरे ही हिस्से की है यह ख़ुराक
मेरी ही है यह भू सम्पदा
मेरी ही है आवाज़
मेरा ही बाहुबल
जकड़ लिया है जिसे तुमने
अपने शिकंजे में
छल-बल से।

मेरी माँ

मेरी माँ!
जो करती थी मशक़्क़त तुम्हारे खेतों में
मेरी माँ!
जिसे चाहा जब तुमने शिकार बनाया अपनी हवस का
मेरी माँ!
जो लुटती रही, तुम्हारी दरिन्दगी से
मेरी माँ!
जिसकी बेबस चीत्कारें सुनता रहा था मैं
मेरी माँ!
जिसने ख़ुद भूखे रहकर मेरा पेट भरा
मेरी माँ!
जो नहीं कर पायी विद्रोह तुम्हारी वासनाओं का
मेरी माँ!
जो अक्सर भूखी रहती थी
मेरी माँ!
जिसने ठिठुरते हुए जाड़ों में की तुम्हारी ग़ुलामगीरी
मेरी माँ!
जिसने मुझे दूध पिलाया, पाला-पोसा, बड़ा किया
मेरी माँ!
जिसने मुझे लिखने के योग्य बनाया
मगर तुम बताओ,
तुम्हारी माँ ने कितना कष्ट उठाया?
कितनी बार की उसने खेतों मे मशक़्क़त,
बताओ तुम,

हुई वह कितनी बार हवस की शिकार?
दरिन्दों ने कितनी बार लूटी उसकी अस्मत?
तुम बताओ,
कितनी बार सुनी तुमने बेबस उसकी चीत्कार?

अयोग्य कौन?

अयोग्य कौन?
वह जिसके जीवन में
वर्ण-व्यवस्था के थपेड़ों ने
बेरहमी से संघर्ष भर
जीने के आयाम बदल दिये हों
या वह
जिसका हृदयघट
करुणा व सहृदयता के
भावनांकुरों से
रीता है
जातीयता के गँदलेपन की दलदल में
संकीर्ण मानसिकता की सड़न से
सराबोर वह
घृणा ही में जीता है
क्या वही अयोग्य नहीं?
क्योंकि वह तो
सबसे गया-बीता है।

मेरा साहित्य

तुमको भाती कलियों की पुलकन,
मुझे सताता अपनों का क्रन्दन
तुम विहँसते कर मधुमास का चित्रण,
मैं निरखता मुरझाये बचपन।
तुम भरते रस छन्द की गागर,
मैं रचता अग्नि का सागर।
तुम गढ़ते अलंकार का सौष्ठव,
मैं लिखता निज पीड़ा अनुभव।
तुम्हें चाँद प्रियतम का मुखड़ा,
मुझे चाँद रोटी का टुकड़ा।

चल ही न सके हम साथ-साथ

कोई भी गाड़ी चलती रहती है तब तक,
जब तक उसके चारों पहिये हों समान मज़बूत।
समान हो उनकी शक्ति।
समान हो उनकी दिशा।
चलते रहें वह साथ-साथ,
एक ही निश्चित दिशा की ओर–
समान गति से।
हो तालमेल चलने का उनमें।
किन्तु तुमने तो–
गति की परिभाषा ही बदल डाली।
नकारकर समग्र विकास की अवधारणा–
देश की लुटिया ही डुबो डाली।
चालाकी से ऐसी व्यवस्था दे डाली–
जिससे कि समाज के चारों पहिये
सदैव रहें अलग-थलग
चल ही न सके कभी साथ-साथ
नहीं हो सकें उनमें तालमेल।
वह चल ही न सकें समवेत,
समान शक्ति से–
किसी एक ही दिशा की ओर सोद्देश्य।
रहे सदैव उनके बीच अन्तराल,
कोई पूरब चले कोई पश्चिम,
कोई उत्तर कोई दक्षिण की ओर।
तुमने तो बाँट ही दिया उनका हृदय,

बाँटकर उनके कार्य।
वे बाध्य होकर चल पड़े चिह्नित दिशा की ही ओर,
मज़बूत हुए तुम किन्तु देश हुआ कमज़ोर।
अरे आततायी! तुमने देश के विकास-रथ की धुरी ही तोड़ डाली,
क्यों बनते फिरते हो तुम देशभक्त, तुमने तो देश की नैया ही डुबो डाली।

स्थानान्तरण

जब मुझे ज्ञात हुआ कि होगा मेरा स्थानान्तरण
इस वर्ष अन्यत्र कहीं
काँप उठा मैं थर-थर
धमनियों में कौंध उठा भय का एक झोंका
हफ़्तों-दर-हफ़्तों नींद नहीं आयी
जगते-जगते खो जाता हूँ और सोते-सोते उठ बैठता हूँ मैं
मुझे विगत स्थानान्तरण की यादें घेर लेती हैं
मेरी यादों में कँटीले कैक्टस के जंगल उग आते हैं
बार-बार, लगातार मैं जीता हूँ और मरता हूँ अपनी स्मृतियों में
कितनी कठिनाइयों के बाद मिल पाया था मुझे किराये का मकान
कितनी बार छिपानी पड़ी थी मुझे अपनी जाति
किन-किन मुहल्लों में मैंने लगाये थे महीनों चक्कर
कितनी मिली थी मुझे उपेक्षा
कितने चेहरे तने थे जानकर मेरी जाति
कितनों के चेहरों से उखड़े थे उनके प्रगतिवादी कलेवर
किन-किन ने झिड़का था और कह दिया था खाली नहीं है मकान
कितनों की तनी थी भौंहें
कितनों ने किये थे अपमान
कितनों ने लगाये थे अट्टहास
कितनों के बिहँसते कुटिल चेहरों ने
लगायी थी मेरे तन-मन में आग
कितनी पीड़ा सही थी मैंने
और फिर एक बार—
फिर खोजना होगा मकान
फिर एक बार जातिवाद की सलीब पर चढ़ना होगा मुझे।
फिर आयेगा मर्मांतक पीड़ा का दौर

सोच-सोचकर लगता है
मेरी शिराओं में बर्फ़-सी जमती जा रही है
मेरा शरीर ऐंठता-सा जा रहा है
हृदय का स्पन्दन रुकता जा रहा है
व्यवस्था के निर्मम प्रहार लगातार कर रहे हैं मुझे चोटिल
लगता है मैं जीवित होकर भी जीवित नहीं हूँ।
जीवित मैं था ही कब
मैं तो बचपन से ही पल-पल मर रहा हूँ।

तुम्हीं से है देशहित

तुमने नहीं जलाये घर दूसरों के,
जलाये नहीं खेत-खलिहान।
नहीं लगायी आग दिलों में
नहीं लूटी इज़्ज़त अबलाओं की।
नहीं हड़पी सम्पत्ति किसी की,
लूटे नहीं घर किसी के।
नहीं छीनी दूसरों की रोटियाँ,
नहीं चूसा है ख़ून तुमने किसी का।
फिर हे दलित! तुममें यह हीनभाव कैसा?
कैसा यह दलितपन?
तुम्हीं तो हो वरेण्य,
तुम्हीं से है देशहित।

आख़िर क्यों?

दफ़्तरों, विधानसभाओं, ट्रेड यूनियनों, फैक्ट्रियों में
साहित्य की जमातों में
मैं अब भी कहलाता पलटुआ,
सुकुवा का बेटवा
नहीं मैं कहला पाता अधिकारी
बड़े बाबू, इंजीनियर, डॉक्टर
या साहित्यकार
भले ही चपरासी के पद पर हो तुम,
कहलाते हो पाण्डे जी, तिवारी जी, बाबू साहब
करते हो अवहेलना, नहीं करते काम
कार्यालय में घोलते हो विषमता का विष
फैलाते हो भ्रष्टाचार
और मैं अपने दायित्वों के
निर्वहन में सतत संलग्न
नख-शिख तक फैली वर्ण-व्यवस्था के प्रभावों को
झेलता हूँ बार-बार, लगातार, हारता, थकता, निराश होता
जूझता समूची व्यवस्था से
मिलता फिर भी नहीं कभी मुझे सम्मान,
क्योंकि तुम अपने ऊपर देख नहीं पाते मुझे
तुम्हारा स्वार्थ
जातिवादी अहम्
तुम्हें खड़ा कर देता है मेरे विरुद्ध
और तुम उँगली उठाते हो बार-बार,
मेरी योग्यता पर।

जुगनू

अलग-अलग दमकते रहे
जुगनू हम जब तक
धुँधली थी हमारी टिमटिमाहट
हमने सोचा है अब चमकेंगे एक साथ
अपनायेंगे एक पथ
सब मिलकर रचेंगे प्रकाशपुंज
चकाचौंध कर देंगे सबको
बिखेरकर अपना प्रकाश।

चिनगारी

चिनगारी धधक उठी है हमारे सीनों में
नंगे होते जा रहे हैं जैसे-जैसे छलावे तुम्हारे—
फैला है हममें आत्मविश्वास।
फैला है ज्ञान का प्रकाश।
जब से खुल गयी है कलई तुम्हारी रूढ़ियों की—
जब से जाना है हमने तुम्हारे मिथकों का इतिहास।
रह-रहकर खौल उठता है सीसे-सा अन्दर पिघलता लावा—
भिंच उठती है मुट्ठियाँ, हो उठते हैं आक्रामक हम।
पर सहसा फिर मैं रुक जाता हूँ आते ही ख़याल—
यह देश है हमारा, हम हैं यहाँ के मूल निवासी।
मैंने भी तुम-सा किया तो तुममें और हममें फ़र्क़ क्या।
तुमने मुझे दी नफ़रत, क्या मैं भी तुमसे करूँ घृणा—
इतिहास तब मुझे भी नहीं करेगा माफ़।
जैसे आज तुम खड़े हो प्रश्नों के कटघरे में, कल मैं खड़ा होऊँगा।
और फिर मैं पोंछ डालता हूँ नासूर बन चुके अपने घाव से उफनता ख़ून—
बुद्ध का सन्देश मुझे रोक लेता है, करने को तुम्हारी बहन-बेटियों से
वही व्यवहार।
मेरे प्रतिशोधी हाथ रुक जाते हैं, जला डालने को तुम्हारे घर—
नेस्तनाबूद कर देने को तुम्हारा वर्चस्व।
नेस्तनाबूद कर देने को तुम्हारा एकाधिकार।
मिटा देने को तुम्हारे अहम।
मिटा देने को तुम्हारा अस्तित्व।
किन्तु यह चिनगारी अन्दर-ही-अन्दर है सुगलती—
और मैं उठा लेता हूँ लेखनी, करना चाहता हूँ तुम्हारा थोथा दर्शन
छिन्न-भिन्न।

गढ़ी है जिसके सहारे तुमने वर्ण-व्यवस्था–
जो असमानताओं की जननी है–
शोषण की अस्त्र है जो–
हमारी वेदना का रहस्य है
हमारी पीड़ा का विस्तार है जो।

साँड़

जातिवाद का यह छुट्टा साँड़
कब तक हमें अपने सींगों से
लहूलुहान करता रहेगा?
कब तक हम सहते रहेंगे इसका आतंक?
क्या कभी भी हम इसका प्रतिकार नहीं कर सकेंगे?
अरे आधुनिको! कोई तो आगे आये
और डाल दे नकेल इसके नाक में
मोटे-मोटे रस्सों के चाहे जितना यह तड़फड़ाये।
लगाये इसके मोटे चूतड़ पर चार लात चाहे यह जितना बिलबिलाये।
सदियों ये यह जमा हुआ है,
बेशरम जैसा अड़ा हुआ है।
लगाओ इसे जूते,
नहीं भागेगा यह बिना जुतियाये-लतियाये।
भगाओ इसे, नहीं तो यह सदैव क्षत-विक्षत करता रहेगा हमारी प्रतिष्ठा को,
करता रहेगा हमें एक-दूसरे से अलग,
कोई तो आगे आये।
जो रोपित करे नये जीवन-मूल्य मानवता के, समता व ममता के।
जो करे पथ-प्रशस्त प्रगतिशीलता व आधुनिकता के।
नहीं रौंद सके जिससे यह साँड़,
हमारे बीच की प्यार की लहलहाती हरीतिमा।
और जिससे मिट सकें हमारे द्वन्द्व, हमारे संघर्ष।
भर सकें हमारे शोषण व उपेक्षा के घाव।
भर सके फिर से हमारा एकाकीपन, जातीय अलगाव।
पुनर्जीवित हो सके फिर से हमारे बीच—
मैत्री, करुणा, बन्धुत्व, एकता व मानवीयता।

अनुकूलन

कठिन है यह कहना कि,
तुम्हारे विषदन्त—
अधिक नुकीले हैं या साँप के?
यह भी जानना कठिन है कि
तुममें अधिक ज़हर है या साँप में?
किन्तु क्या यह जानना कठिन है कि
तुम अधिक ज़हरीले हो या साँप?
तुम्हारा ज़हर प्रगाढ़ है या साँप का?
कौन है अधिक घातक, क्या यह जानना कठिन है?
साँप के डसने का तो इलाज है,
क्या तुम्हारे भी दंश का इलाज है?
कौन-सी क्षति अपूर्णनीय है—
कौन देता है असीम पीड़ा,
किसका आघात असहनीय है?
कौन देता है अधिक छटपटाहट अपने शिकार को—
साँप या तुम, आकलन कठिन नहीं।
डसता है साँप किसी एक को,
तुम्हारे दंश की शिकार तो पूरी क़ौम ही हो जाती है।
साँप तो अपनी केंचुल त्यागकर,
करता है अनुकूलन प्रकृति से।
बदलता रहता है समय के साथ-साथ अपना कलेवर।
स्वीकारता है परिवर्तन त्यागकर अपने शरीर का आवरण।
किन्तु स्वीकारते हो क्या तुम भी परिवर्तन?
करते हो क्या तुम भी समय के साथ अनुकूलन?
त्यागते हो क्यों नहीं तुम अपने सड़े-गले ज़हरीले विचार—
स्वस्थापित विषमता की यह ज़हरीली व्यवस्था—

यह भेदभाव यह अमानवीयता।
नहीं-नहीं, तुम नहीं बदलोगे—
क्योंकि तुम तो आवरण नहीं चेहरे बदलते हो।
वर्चस्व व एकाधिकार के लिए समाज में सदैव—
संकीर्णता का विष घोलते हो।
बदलते नहीं आचरण सदैव घात करते हो।
शोषण के नित नये-नये यत्न खोजते हो।
तुम भी बदलो, नहीं तो समाज तो ख़ुद को बदल ही लेगा।
तुम्हें तुम्हारी रूढ़ियों के साथ अकेला पीछे छोड़ देगा॥

आवाहन!

हे क्रूरता में बेमिसाल!
हे शोषण के अग्रदूत!
हे समाज के दुष्प्रणेता!
क्यों नहीं करते तुम भी अनुकरण?
उन वृक्षों का?
जो कि अनवरत प्रतिवर्ष पतझड़ में,
जीर्ण-शीर्ण अनुपयोगी अनावश्यक—
जीवन्तता में अवरोधक—
उन पत्तों को त्याग देते हैं।
अनुरक्ति लगाव से मुक्त रहकर—
उनका परित्याग करते हैं।
जिससे नयी कोंपलें जन्म ले सकें।
जिससे हरीतिमा फिर फैल सके।
विस्तीर्ण हो सके उनका क्षितिज,
खिल सके फिर उनकी आभा,
उनकी नूतनता,
उनका आकर्षण।
तुम भी क्यों नहीं?
परित्याग करते—
अलगाव का यह मनोविज्ञान—
भेदभाव और यह नफ़रत,
ऊँच-नीच और यह घृणा।
समाज की जीवन्तता में बाधक—
स्वाभाविक विकास की अवरोधक—
सड़ी-गली परम्पराओं को।
कुत्सित-कलुषित रूढ़ियों को।

इन झूठे पाखण्डों को।
वर्ण-व्यवस्था जातिवाद की इन असत्य धारणाओं को।
विषमतामूलक इन संकीर्ण विचारधाराओं को।
अवैज्ञानिक व अनुपयोगी अपनी इन प्रतिबद्धताओं को।
मनुष्यता की विभाजक,
सौहार्द-पथ की विषवेलि,
इन विषाक्त भावनाओं को।
जिससे नये भारत का अभ्युदय हो सके।
जिससे एक नया समाज जन्म ले सके।
समता, एकता, बन्धुत्व, विकास के पथ पर हम जिससे आगे बढ़ सकें॥

सुलगते-सवाल

कुछ सवाल मेरे सीने में,
रह-रहकर—
आग से उभर आते हैं।
घुप्प-अँधेरा मेरे ही हिस्से में क्यों?
मेरे भी हिस्से का सूरज तुम क्यों निगल जाते हो?
थोथे संस्कारों की भूल-भुलैय्या में मुझे तुम क्यों,
सदियों से इधर-उधर भटकाते हो?
कर्म की घुट्टी पिलाकर क्यों तुम,
मेरा वजूद ही हड़प जाते हो?
हिन्दू कहकर भी तुम मुझे आख़िर क्यों,
अपना नहीं पाते हो?
और मैं जब पीड़ित, अपमानित, शोषित हो—
अधिकारों से वंचित करता हूँ धर्मान्तरण,
तुम मेरे गाँव, घर,
मेरी बस्तियाँ ही नहीं—
मुझे भी ज़िन्दा जलाते हो।

तुम चल सकते हो हमारे साथ

आख़िर कब तक हम ढोते रहेंगे?
तुम्हारे क्रूर मान्यताओं वाले—
विषमतामूलक जीवन-मूल्यों को।
भेदभाव, अलगाववाद व घृणा के मानदण्डों को।
और सहते रहेंगे हम—
तुम्हारी कुत्सित मानसिकता के निर्मम थपेड़ों को।
असहिष्णुता के अमानवीय प्रहारों को।
अब जब हमने सीख लिया है, पढ़ लिया है पाठ—
लोकतन्त्र में भागीदारी का, अवसरों की समानता का।
और जान लिया है
तुम्हारे उस अंकगणित को, तुम्हारे उस मनोविज्ञान को।
जिसके सहारे तुम अब तक—
हमें हाँकते रहे भेड़-बकरियों की तरह।
जान लिया है कि—
हम ही बनेंगे अपने भविष्य निर्माता।
पहचान लिया है तुम्हारे धूर्तता भरे चेहरे को—
तुम क्यों त्याग नहीं देते अपनी सड़ी-गली—
शोषण की परम्पराओं को।
त्याग नहीं देते पुराने कपड़ों की तरह—
अपने दक़ियानूसी विचारों को।
तुम चल सकते हो हमारे साथ त्यागकर अपने स्वार्थ,
अपने एकाधिकार, अपने विशेषाधिकार, अपने मिथ्याभिमान।
मिला सकते हो हमसे कन्धे-से-कन्धा—
देश के उन्नयन के लिए।

समृद्ध और विकास के लिए।
एकता और सौहार्द के लिए।
वैसे भी हम अब तुम्हारे नेतृत्व के मोहताज नहीं,
विस्तीर्ण क्षितिज पर अपना परचम लहराने की–
क़सम हमने खायी है।

गिरगिट

क्यों प्रसारित करते हो सन्देश,
अपने धर्मग्रन्थों में मानवता के?
क्यों करते हो दिग्भ्रमित,
प्रदर्शन कर झूठे सद्भावों के?
क्यों करते हो सम्मोहित,
अपने समग्र कल्याण के झूठे उद्बोधनों से?
क्यों करते हो विश्वासघात,
लगाकर मुखौटे सहृदयता के?
क्यों करते हो बार-बार आवाहन,
एकता व एकजुटता के?
सद्भाव समन्वय के।
सामाजिक सौहार्द के।
समता और ममता के।
भ्रातृत्व और भाईचारे के।
देश के प्रति निष्ठा के।
क्योंकि बदल नहीं सकते हो तुम
अपना ही स्वयं का आचरण
बदल नहीं सकते हो तुम अपने ही विध्वंसात्मक नकारात्मक विचार।
सदियों से संचित आवरण में ढकी-छिपी हुई अपनी क्रूरता व बर्बरता।
भेदभाव व विषमता की अपनी आदिम कट्टरता।
विशिष्टता व एकाधिकार की चाह।
अलगाव की परम्परागत उत्कण्ठा।
स्पृश्य और अस्पृश्य की कुत्सित विभाजक मानसिकता।
सम्मान व वर्चस्व की अपनी लिप्सा।

प्रभुत्व व सत्ता के लिए अनवरत जारी अपने षड्यन्त्र।
क्यों तुम बार-बार फिर,
गिरगिट की तरह रंग बदलते रहते हो।
अनुराग एवं शिष्टता का ओढ़कर कृत्रिम आवरण,
देशभक्ति एवं एकता के तुम फिर ढोंग ही क्यों रचते हो?

होगी जूतम पैजार

हम खींचते रहे मरे जानवरों की खाल,
और बनाते रहे तुम्हारे लिए जूते।
करते रहे साफ़-सफ़ाई समाज की,
जिससे फैल न सके गन्दगी।
करते रहे समाज को दुर्गन्ध से मुक्त,
पहुँचाते रहे तुमको सुख।
उपजाते रहे फसलें
चीरकर धरती का सीना।
बाँधते रहे नदियों पर बाँध,
चलाते रहे कल-कारख़ाने।
किन्तु तुम हमें जुतियाते ही रहे,
अपमानित ही करते रहे,
जब भी चाहा—
लतियाते ही रहे।
छीनते रहे हमारा स्वत्व—
छीनते रहे हमारे भी हिस्से की रोटी।
हमारा भी सुख,
हमारा भी सम्मान।
और कुचलते रहे सदैव,
हमारा स्वाभिमान।
जीते रहे हम एड़िया घिसट-घिसटकर,
कीड़े-मकोड़ों की तरह।
और सहते रहे,
पीड़ा व असीम वेदना पीढ़ी-दर-पीढ़ी।
खा-खाकर तुम्हारे जूतों की ठोकरें,
खा-खाकर तुम्हारी गालियाँ,

मृतप्राय हम जीते ही रहे।
तम चाहते भी थे तो यही,
कि बदहाल हम जीते ही रहें।
ऐसे कि अटकें रहें तन में प्राण हमारे,
पहने फटे चीथड़े धूल-धूसरित—
तुम्हारे लिए पिसते ही रहें,
पीढ़ी-दर-पीढ़ी खटते ही रहें।
कुचले हुए व तुम्हारे कुचक्र से भ्रमित हम
पेट की भूख से बिलबिलाते रहें।
मानकर शोषण व भूख को अपनी नीयत,
कभी आवाज़ ही न उठा सके।
किन्तु अब तुम सावधान हो जाओ,
युग बदल रहा है तुम भी बदल जाओ।
नहीं सहेंगे अब हम तुम्हारा अत्याचार,
नहीं सहन करेंगे अब हम शोषण और अपमान।
तुम तो हो संवेदनहीन जानवरों से भी...
अब हम उतार सकते हैं तुम्हारी भी खाल।
खाल खींच लेंगे उसकी हम जो करेगा,
हमारी ज़िन्दगी से खिलवाड़।
खाल खींच लेंगे उसकी जो करेगा,
हमारी बहन-बेटियों से बलात्कार।
जूते ही नहीं बनाते हम अब,
हमने सीख लिया है जूते चलाना भी।
बदल जाओ नहीं तो,
अब होगी जूतम पैजार।

परिवर्तन की नयी लहर

परिवर्तन की लहर चली।
शहर-गाँव, गली-गली॥
समता के स्रोत फूटे।
शोषण के बन्ध टूटे॥
सामाजिक न्याय के स्वर प्रखर।
चेहरों पर कौतूहल॥
होरी व धनिया निहारे।
विकास की नूतन बयारे॥
ग़रीबों में आशा जगी।
मुखड़े पर नाचे ख़ुशी॥
एकता के नये पैमाने।
कमज़ोरों ने अब हैं जाने॥
सियासत के षड्यन्त्र तार-तार टूटे।
उपजने लगे भ्रातृत्व के रिश्ते अनूठे॥
नारी ने भी छेड़ दिया शोषण के तारों को।
तोड़ दिया रूढ़ियों के कुत्सित मकड़जालों को॥
मलिन बस्तियों, झोंपड़ियों तक फैला सत्ता का प्रसार।
शुरू समीकरण की नव वैचारिकतायें संघर्ष हुए साकार॥
दलित चेतना के जागृति स्वर अब पूरे गतिमान हो गये।
सोयी रही थी क़ौम जो सदियों जगते ही गन्तव्य पा गये॥
अब तक लोग भूले थे।
हमारे महामानव तथागत व फुले थे॥
श्री नारायण गुरु, नायकर, गुरु रविदास,
फुले ने समता क्रान्ति की ज्योति जलाई।
बाबा साहब अम्बेडकर के आवाहन पर
शोषितों ने ली थी अँगड़ाई॥

मनोवृत्ति

जब से हमारी–
याचना के स्वर बदले हैं।
उनकी दया व सहानुभूति को–
जब से हमने ठुकराया है।
अभिव्यक्ति का जब से हमने–
साहस दिखाया है।
जब से हमारी मुट्ठियाँ भिंची हैं–
उनकी क्रूरता, अन्याय, असहिष्णुता व शोषण के विरुद्ध
जब से हमने अपनी अभिव्यक्ति का–
परचम लहराया है।
तब से उनकी आँखों में–
फिर उतर आया है ख़ून।
और वे कूद पड़े हैं सांस्कृतिक राष्ट्रवाद का त्रिशूल लेकर–
करने को हमें क्षत-विक्षत व लहूलुहान।
रौंदने को हमारी अस्मिता।
मिटा देने को हमारा अस्तित्व।
और रोक देने को हमारी अभिव्यक्ति।

भेड़िये

सावधान!
भेड़िये आ रहे हैं–
चुपचाप,
बिना आहट के,
करने को शिकार।
अब वह लहूलुहान ही नहीं करते–
ख़ून पीते हैं।
हत्या करते हैं।
ज़िन्दा जलाते हैं।
साज़िश रचते हैं।
सांस्कृतिक राष्ट्रवाद का ज़हर घोलते हैं।
क्रूरता व असहिष्णुता का प्रशिक्षण देते हैं।
घृणा व नफ़रत के बीज बोते हैं।
रोहित वेमुला,
फादर स्टीफिंस,
एम.एस. कलबुर्गी,
अख़लाक़ की शहादत–
के रक्त के धब्बे।
जो उन्होंने छींटे हैं समूची भारतीयता पर
क्या कभी हम इसे धो पायेंगे?

शक्ति का स्फुरण

तुम कभी भी फूँक देते हो घर हमारे
कभी भी दे देते हो गाली
कभी भी कर देते हो तुम अपमान हमारा
छीन लेते हो तुम हमारी अस्मिता
निर्भय तुम हड़प लेते हो ज़मीन हमारी
डालते हो डाका तुम हमारे वोटों पर
आग के हवाले कर देते हो तुम
हमारे खेत-खलिहान
जला डालते हो हमारी ख़ुराक
समझते हो हमारी पूरी क़ौम को दास तुम
समझते अब भी हमें तुम घर की मुर्गी
समझते हो हमें कमज़ोर व असहाय तुम
इसीलिए तो उठा लिए हैं हमने डण्डे और झण्डे
इसीलिए तो भिंची हैं हमारी मुट्ठियाँ
शक्ति तो थी ही हममें
मगर हो चुकी है अब उसकी अनुभूति भी।

तुम्हारा और मेरा बचपन

तुम जब खेलते थे खिलौनों से,
मैं भटकता था ढोर-डंगरों के पीछे तब
तुम जब जाते थे पढ़ने स्कूल
मैं अपने बहन-भाइयों को छाती पर लादे
अपनी झोंपड़ी में भूखा-प्यासा आँसू बहाता था तब
तुम्हारी माँ जब तुम्हें अल-सुबह जगाकर प्यार करती थी, स्कूल भेजती थी
मेरी माँ उस समय तुम्हारे ही खेतों पर ठिठुरती-काँपती मशक़्क़त करती रहती थी
तुम अपनी माँ से लोरियाँ सुनकर ही सो पाते थे
उस समय मैं भूखे पेट रहकर भी खाता था केवल झिड़कियाँ
तुम्हारे स्कूल में होती थीं छुट्टियाँ
पर मेरे श्रम की पाठशाला अनवरत चलती रहती थी
तुम्हें पिलाया जाता था दूध प्यार से
मैं प्यार से अपने आँसू भी न पी पाया था
तुम्हें मिलता था स्नेह बाप का
पर मेरे बाप को तुम्हारी गृहस्थी में खटते-खटते प्यार का मौका ही न मिल पाया था
फिर भी मैंने कोशिश की तुम्हारे साथ चलने की
और तुम मेरे चलने पर योग्यता का प्रश्न फेंककर रोक लगाते हो।

आरक्षण-2

तुम कर सकते हो व्यापार
कर सकते हो तुम नौकरी
तुम खोल सकते हो होटल
लगा सकते हो चाट की दुकान
तुम बाँच सकते हो पोथी
तुम सुन सकते हो वेद-पुराण
तुम करा सकते हो गऊ दक्षिणा
तुम बनवा सकते हो मन्दिर
और हड़प सकते हो इनके सहारे ज़मीन
तुम पा सकते हो कहीं भी आवास
गढ़ी है जो तुमने वर्ण-व्यवस्था
बनायी है जातियाँ
तुम्हें आरक्षण है आभिजात्य होने का
तुम्हें आरक्षण है मान-सम्मान पाने का
तुम्हें आरक्षण रहा है शिक्षा का
तुम्हें आरक्षण है बिना श्रम के धन अर्जित करने का
फिर तुम्हें मेरे आरक्षण से इतनी जलन क्यों?
मैं छोड़ने को तैयार हूँ अपना आरक्षण
क्या छोड़ोगे तुम भी अपना आरक्षण?

अभिव्यक्ति

मैं उठाता हूँ जब भी आवाज़
तुम करते हो प्रयास उसे दबाने का
मैं जब भी उठाता हूँ आवाज़ संसद में
जब भी उठाता हूँ मैं आवाज़ समाज में
तुम मेरी आवाज़ को सदैव दबाते हो
बार-बार लगातार मेरी अभिव्यक्ति के रास्ते में
तुम रोड़े अटकाते हो
अपने सारे छल-बल से तुम
मेरी अभिव्यक्ति पर पहरे बिठाते हो।

धर्मान्तरण

पुनर्जन्म की सोच ने रोके मेरे पथ,
कर्म की अवधारणा ने हमें भ्रमित किया।
संस्कारों के मोह में पागल हुए हम,
स्वर्ग-नरक की भटकन बनी थी बेड़ियाँ॥

पुण्य का फल अगले जन्म में मिलेगा यह सोचकर,
इन्तज़ार करती रहीं मेरी पीढ़िया-दर-पीढ़िया।
कर्म की भट्ठी में अनवरत जलते रहे हम,
बढ़ती गयीं फिर भी हमारे बीच की दूरियाँ॥

खुल चुके हैं अब चक्षु हमारे ज्ञान के,
बाबा ने हमें इक नया दर्शन दिया।
बदल देना धर्म ही है एकमात्र रास्ता,
बुद्धदर्शन में ही निहित है मानवीय उपलब्धियाँ॥

मेरी वेदना!

मैं एम.ए., पीएच.डी., एल.एल.बी. हूँ
आसीन भी हूँ प्रथम श्रेणी अधिकारी के पद पर।
कपड़े भी साफ़-सुथरे पहनता हूँ,
साफ़-सफ़ाई का भी भरपूर ध्यान देता हूँ।
सभी से आत्मीय व्यवहार करता हूँ,
सम्मान भी देता हूँ सभी को यथोचित।
अपने कर्तव्यों के निर्वहन के प्रति,
सचेत भी रहता हूँ मैं सदैव।
नहीं पहुँचाता हूँ पीड़ा किसी को भी,
अपने कार्य-व्यवहार से।
मेरी ईमानदारी का लोग लोहा मानते हैं,
निपटाता हूँ मैं विभागीय कार्यों को समय से निष्ठापूर्वक।
मेरा चपरासी,
जो कक्षा पाँच पास है।
कपड़े भी मुझसे साफ़-सुथरे व अच्छे,
नहीं पहनता है।
वेतन लेने के सिवा प्रायः,
ऑफ़िस का कोई काम भी नहीं करता है
उड़ाता रहता है धज्जियाँ आदेशों की
भ्रष्टाचार में जो लिप्त रहता है सदैव
करता रहता है अवहेलना सदैव नियमों की
अकड़ता फिरता है सदैव आभिजात्य होने के घमण्ड में
कभी सम्मान भी नहीं देता है मुझे
क्योंकि मैं अनुसूचित जाति का हूँ।
माँगने पर भी पानी नहीं पिलाता है।

मुट्ठी में क़ैद रोशनी

सूरज ने अपनी किरणें
हमारे भी आँगन में
बिखेरनी शुरू की ही थीं
ख़ुशी के अहसासों से
हमारे ओंठ मुस्कानों के लिए
अभी-अभी खुले ही थे
हमारी अँधेरी झोंपड़ियाँ
आलोकित होने को ही थीं
कि तुमने फिर से
भींच लीं अपनी मुट्ठियाँ
उतर आयी तुम्हारे जेहन में
धूर्तता और नफ़रत फिर एक बार
और एक-बार फिर
तुम निकल पड़े
कर लेने को क़ैद
हमारे भी हिस्से की रोशनी
अपनी मुट्ठियों में।

फैलाये नहीं हाथ

फैलाये नहीं हाथ मैंने
रहे भूखे पेट फिर भी
माँगी नहीं भीख
नहीं की याचना
बहाया अपना पसीना
की मेहनत-मजूरी
किया भरोसा अपनी मेहनत पर
रूखी-सूखी जो भी मिली
किया गुज़ारा उसी से ही
पर तुम, तुम तो जैसे ही होते हो सबल
आततायी बन जाते हो
और यदि होते हो निर्धन
याचक बन जाते हो
पर मनु की वर्ण-व्यवस्था में
दोनों ही स्थितियों में तुम
सम्मान ही पाते हो
उसने कहा था—पुरोहित देवो भव
और तुम अब तक
उसी का लाभ उठाते हो
ईश्वर और ईश्वर का प्रतिनिधि होने का ढोंग रचकर तुम
पूरी दुनिया को मूर्ख बनाते हो।

कैसा यह तुम्हारा धर्मतन्त्र

कैसा यह तुम्हारा धर्मतन्त्र?
कैसा तुम्हारा यह अध्यात्म?
वसुधैव कुटुम्बकम की कैसी तुम्हारी यह परिकल्पना–
तुम्हारी लोकमंगल की कैसी यह कल्याणकारी संकल्पना–
कैसा यह तुम्हारा राज्य?
कैसी तुम्हारे धर्मग्रन्थों की नारी कल्याण की उद्घोषणा?
जिसमें नारी को दबाया जाता है
नारी को जलाया जाता है
किया जाता है नारी का शोषण
नारी को सताया जाता है
नारी को ही उसके त्याग व समर्पण की दुहाई देकर
पाँच-पाँच पतियों की पत्नी बनाया जाता है
नेत्रहीन न होते हुए भी अन्धे पति की ख़ातिर
उसकी आँखों में पट्टी बँधवाया जाता है।
किया जाता है बलात्कार पुरोहितों व पुजारियों द्वारा
विवाह के छलावे के नाम पर नारी को देवदासी बनाकर
उसे वेश्याओं से भी बदतर जीवन की ओर ढकेला जाता है
धर्मान्धता का कैसा यह आलम?
सती-प्रथा के नाम पर नारी को जल मरने को विवश किया जाता है।

तुम्हारा आचरण

जैसे हवा बिखेरती है प्राणतत्व,
फूल देते हैं ख़ुशबू
जैसे सूरज देता है प्रकाश
नदियाँ बाँटती हैं अपना जल
जैसे पेड़ देते हैं अपना फल
धरती उपजाती है अनाज
वैसे ही तुम्हारा भी आचरण क्यों नहीं
क्यों तुममें उग आये कँटीले नाख़ून?
जो रहे तत्पर सदैव आहत करने को हमारी अस्मिता।

तब और अब

जब मैं जोतता था हल तुम्हारे,
कहलाता था हलवाहा तुम्हारा,
निम्न दृष्टि से देखते रहे तुम,
देते थे मजूरी अँजुरी भर,
बदले में चूस लेते थे ख़ून हमारा,
छीन लेते थे प्रतिष्ठा तमाम,
अब तुमने ख़रीदे हैं ट्रैक्टर,
अपने ही नहीं, जोतते हो हमारे भी खेत,
लेते हो ढेर सारी मजूरी,
तुम्हारे लिए हल जोतना,
हीनता का भाव नहीं,
मिलता है तुम्हें अब भी वही सम्मान,
क्योंकि सम्मान देने का,
सम्मान लेने का,
ठेका जो तुम्हारे पास है।

संघर्ष की शुरुआत

तुमने दी गाली, मैं चुप रहा
तुमने किया अपमान, सह गया
छीनी आबरू तो मैं रो दिया
हड़पी सम्पत्ति तो मैं डर गया
चुराई मेरी खुराक, देखता रहा
दूँगा मैं जिस दिन तुम्हें तुम्हारे अत्याचारों की सज़ा
शुरू होगा उसी दिन मेरी जिजीविषा व संघर्ष का इतिहास।

जयशंकर साहित्य

जयशंकर साहित्य–
साहित्य सौन्दर्य का।
जयशंकर साहित्य–
साहित्य अध्यात्म का।
ब्राह्मणी महात्म्य का।
जयशंकर साहित्य–
बड़े जयशंकर का।
बड़ा साहित्य है।
बड़ा साहित्य,
बड़े समाज
बहुजन समाज पर
चुप ही रहता है।

स्मृति स्वामी अछूतानन्द की

उत्तर भारत में तुमने फैलायी
समता क्रान्ति की लहर
बाबा के सम्बल तुम
तुमने खुलवाये शिक्षालय
पायें जिसमें दलित शिक्षा
करते रहे संघर्ष तुम दलितों के लिए आजीवन
तुम्हीं से उपजी थी दलित पत्रकारिता
हे उत्तर भारत के क्रान्तिदूत!
तुमको शत-शत नमन!

व्यवसाय

मैं बेरोज़गार!
मैंने सोचा कि चलो, करूँ कोई व्यापार
जैसे कर रहे हैं मेरे साथ के पढ़ने वाले कई मेरे यार
पढ़ने में जो थे फिसड्डी, नहीं कर पाये पढ़ाई
जमा लिया अपना व्यापार
दीनानाथ गुप्ता, सुधाकर शुक्ला, भरतराम द्विवेदी,
विनोद सिंह की चल रही ख़ूब दुकान
फिर मैंने खोला होटल व चाट की एक दुकान
ख़ूब सजाया मैंने दुकान को,
फर्नीचर भी बनवाये आलीशान
पर जैसे ही जानी लोगों ने मेरी जाति,
फिर उनको भाये नहीं मेरे अच्छे स्वादिष्ट पकवान।

सुविधाएँ

यदि मैं भी पढ़ पाता तुम्हारी तरह
महानगरों में हॉस्टल में रहकर
यदि मैं भी तुम्हारी तरह ख़रीद पाता
ढेर सारी किताब
यदि मैं भी खा पाता तुम्हारी तरह
इच्छानुसार भरपेट
यदि मैं भी पहन पाता कपड़े और
ढक पाता अपना तन
मेरे भी सपने साकार होते
यदि होते बढ़ने के संसाधन
तो मैं भी कहलाता योग्य
विराजमान होता व्यवस्था की कुर्सियों पर—
बन जाता आई.ए.एस., पी.सी.एस., डॉक्टर, इंजीनियर, कर्नल
और फिर तुम्हारे प्रश्न
स्वयं तुम्हें ही नोच डालते।

छात्रवृत्ति

कितना था हमारा बचपन असहाय
मिलती न छात्रवृत्ति तो पढ़ न पाते, रह जाते निरुपाय
छात्रवृत्ति बाँटने के अधिकार का भी तुमने किया दुरुपयोग
भरे अपने घर
डकारा विकास का हमारा सहारा
जितना हो सका किया विलम्ब
पहुँचते थे जब हम लेने छात्रवृत्ति
तुमने बार-बार पहुँचायी हमारी अस्मिता को चोट
बार-बार मिली यन्त्रणा हमें तुम्हारे व्यवहार से
लगती थी हमारे आत्मसम्मान को ठेस
तुम करते थे व्यवहार ऐसे, जैसे
हाथ फैलाये खड़े हों याचक हम
तुम्हारा जातीय चरित्र बार-बार उभर आता था,
तुम्हारा अहं फुफकारता था
और हम बार-बार तिलमिला उठते थे
पर व्यवस्था से टकरा न पाते थे
क्योंकि व्यवस्था के हर स्तर पर
तुम्हीं तो विराजमान थे।

यूकेलिप्टस तुम

यूकेलिप्टस जैसे सोख लेता है सारी नमी
धीरे-धीरे जैसे वह कर देता है धरती को बंजर
कर देता है उत्पन्न जैसे वह पानी का अभाव
वैसे ही तुमने चुरा ली है समाज की जीवन्तता
तुमने फैला दी है चारों तरफ़ प्रदूषित हवा
छीन लिया है तुमने समाज का स्वाभाविक स्वस्थ विकास।

तुम नहीं बदले

बदली सड़कें, बदले हैं मकान
बदली शिक्षा, बदला है विज्ञान
बदले हैं खान-पान, बदले हैं व्यवसाय
राजनीति के भी हुए शुरू, नये-नये अध्याय
बदले मौसम, बदली नदियाँ
बदले सब प्रतिमान
बदला साहित्य, कला भी बदली
नवमूल्य हुए गतिमान
बदले नहीं तो तुम नहीं बदले
न बदला तुम्हारी जातीयता का अभिमान।

नमन महात्मा ज्योतिबा राव फुले को

तुमने ही खोले द्वार हमारी शिक्षा के
तुमने ही खोली पाठशालायें
तुम्हीं बने प्रेरक नारी-शिक्षा के
तुमने ही खोली पोल लिखी गुलामगीरी
तुम्हीं ने तोड़ी रूढ़ियाँ
तुम्हीं ने मिटाये अन्धविश्वास
पाखण्डों पर तुम्हीं ने की थी गहरी चोट
तुम्हीं ने की छिन्न-भिन्न वर्ण-व्यवस्था
तुम्हीं ने उठायी थी आवाज़ जातिवाद के विरुद्ध
हे उत्तर आधुनिक महामानव!
तुम्हीं ने फैलायी थी वैज्ञानिक सोच जनमानस में
हे लौहपुरुष! तुम्हारे ऋणों से मानवता कभी उऋण न होगी
हे समत्व क्रान्ति के प्रणेता! तुम्हारा शत-शत वन्दन!!

खजूर

तुम ऊँचे बने खजूर से
बढ़े तुम हमारी ही ज़मीन से खाद लेकर–
तुम्हारी धमनियों में बह रहा है मेरी ही ज़मीन का लहू
तुम ऊँचे हुए हमारे ही क़द से
हे आततायी! तुम हमारे ही कन्धों का सहारा लेकर बड़े तो हुए
पर तुमने अपने तले किसी को भी छाया नहीं दी।

अमरबेल

अमरबेल चूसती है दूसरों की ख़ुराक
अमरबेल का वजूद है दूसरों के वजूद पर
अमरबेल नहीं कर सकती स्वयं ही अपना पोषण
अमरबेल लहलहाती है आश्रय के कन्धों पर
पर जब आश्रय उसे अपना लहू पीने से रोक देगा
जाग जायेगा जब वह
जान जायेगा जब वह
अमरबेल को ज्ञात नहीं कि सूख जायेगी वह उस दिन
जब झटक दी जायेगी वह।

मेरे बचपन

मेरे बचपन कभी न आना!
आकर मुझको नहीं रुलाना॥
भूखे बचपन तुझे याद करूँ क्या?
याद करूँ फिर आहें भरूँ क्या?

देता होगा तू सुख उनको।
मिला प्यार का साया जिनको॥
पैदा हुए जो उन वर्णों में।
मिले जिन्हें सुख-साधन घर में॥

मेरा बचपन तो भूखा-प्यासा।
नंगे बदन हर ओर निराशा॥
वर्ण के थे थोथे बन्धन।
जातिवाद से था पीड़ित तन-मन॥

यादें तेरी कड़वी-कसैली।
ऊँच-नीच की चुभती बेली॥
तुझको कैसे याद करूँ मैं?
अपने सुख पर घात करूँ मैं॥

आतंकित थीं मेरी गलियाँ।
पीड़ित बचपन, मुरझायी कलियाँ॥
फिर भी तुझको याद करूँ मैं।
रोम-रोम में आग भरूँ मैं॥

उबल उठेगा लहू हमारा।
भड़क उठेगी प्रतिशोध की ज्वाला॥
जल जायेगा सब तन-मन।
याद न आओ मेरे बचपन॥

बस! अब बहुत हो चुका!

बस! अब बहुत हो चुका!
सदियों से तुम्हारी पोथियों को छाती पर ढोते-ढोते।
उनकी ज़हरीली व्यवस्थाओं में घुट-घुटकर पलते।
आतंक के साये में तुम्हारे पल-पल जीते मरते।
तुम्हारे क्रूर प्रहारों को सहते
शोषण के तीरों-थपेड़ों से लड़ते।
रोते-ही-रोते सिसकते-सिसकते।
बस! अब बहुत हो चुका।
बर्दाश्त नहीं करेंगे अब हम यह सब
जला डालेंगे उन पोथियों को
नोंच डालेंगे उनके पन्ने-पन्ने
जो बुनती हैं विषमता
घोलती हैं ज़हर हमारे जीवन में।
अब यदि तुम हमें करोगे अपमानित
दोगे अनायास ही हमें गाली तो तुम्हारी जुबान खींच लेंगे।
नहीं ढोंयेगे सर पर टोकरियाँ पाखानों की।
नहीं निकालेंगे खाल मरे जानवरों की।
तुमसे तुम्हारे हर शोषण का अब जवाब हम लेंगे।
नहीं रहेंगे बदबूदार मुहल्लों में अब हम दीन-हीन।
करना पड़े चाहे जितना संघर्ष
देनी पड़े चाहे बड़ी-से-बड़ी क़ुर्बानी
अब हम यातनाओं को नहीं सहेंगे
तुम्हारे हलक में हाथ डालकर अपने हिस्से का सुख—
अब तुमसे हम ब्याज सहित वसूलेंगे।

विश्वास का संकट

तुम हमारे मालिक बने रहे,
और हम तुम्हारे दास,
तुम्हारी प्रजा
मेरे हित-चिन्तन का दायित्व तुम पर था,
तुम्हीं थे हमारे कर्णधार, हमारे रहनुमा, हमारे पालनहार
तुम्हारा दर्शन था सर्वभूताय,
बहुजन हिताय, बहुजन सुखाय
पर नहीं निभाया तुमने अपना दायित्व
नहीं किया समाज का कल्याण,
अब तुम करते हो चिकनी-चुपड़ी बातें,
खाते हो साथ निभाने की कसमें,
कहो यह परिवर्तन तुममें कब से,
नहीं होता विश्वास।

विभाजक

वर्ण
जाति
उत्पादन, उपभोग के विभाजक तुम।
शिक्षा कौन दे?
कौन ले शिक्षा?
उठाये कौन अस्त्र?
करे कौन देश-रक्षा?
कौन हो व्यापारी?
निर्णायक तुम
बाँटो यह धरती
और ऊँची-नीची प्रतिष्ठा भी।

हमें भी बढ़ने दो

हमें भी बढ़ने दो
हमें भी विकास चाहिए
हमें भी चाहिए स्वतन्त्रता
न्याय
समता
शिक्षा
हमें भी चाहिए आत्म-सम्मान
चाहिए हमें भी प्रशासन में हिस्सा
वस्त्र और आवास
हमें भी चाहिए
मत रोको पथ
डालो न अवरोध हमारी राहों में
पीछे मत घसीटो देश को
हमें भी आगे आने दो
सशक्त भारत चाहिए तो मिटा दो घृणा
और करने दो
भाई को भाई से प्यार।

समता के दीपक चारों ओर जलायें

ख़ुश है दीपू, ख़ुश है छोटू, ख़ुश है कमला रानी।
एक बरस के बाद आयी है, 14 अप्रैल निराली॥
पेड़ा, बर्फ़ी, लइया, गट्टे की सजी हुई दुकानें।
बच्चे, बूढ़ों, सबके मुख पर खिली-खिली मुस्कानें॥
कहीं नाच, कहीं खेल चल रहे, दमक उठी है धरती।
मुरझाये निराश मनों में भी इक नयी रोशनी भर दी॥
छूट रहे हैं कहीं पटाखे, कहीं जगमगाती लड़ियाँ।
अन्धकार में हैं अब भी डूबी कुछ झोपड़ियाँ॥
भूखी अन्तड़ियों वाले बुझे-बुझे चेहरों से।
राघो, मंगरू देख रहे हैं भय, विस्मय, कौतूहल से॥
बाबा साहब के पावन सन्देशों को यदि हम अपनाना चाहें।
पहले समता के दीपक को चारों ओर जलायें॥

द्रोणाचार्य

द्रोणाचार्य–
मर गया है क्या?
नहीं-नहीं,
वह ज़िन्दा है।
शिक्षालयों में
उसे देख सकते हैं आप–
आज भी।
वह अँगूठा नहीं लेता अब,
प्रेक्टिकल में कम नम्बर देकर–
फेल करता है।
रोकता है आगे बढ़ने से
रास्ते में रुकावटें डालता है,
उन बच्चों के–
जो संघर्षरत हैं योग्य बनने को
सफल होकर जीवनपथ में आगे बढ़ने को
जिनकी क़ौमों पर अयोग्य होने का
प्रश्नचिह्न बार-बार लगाया जाता है।
रक्षा, न्यायपालिका, तकनीकी सेवाओं में
जाने से रोकने के लिए जिन्हें
कँटीले अवरोधों की बाड़ लगाया जाता है।

अणुबम विस्फोट

इस देश में भी बम विस्फोट हुआ था
वर्णवादी व्यवस्था के रूप में
यह परमाणु से भी ख़तरनाक बम था
जिसकी मारक क्षमता
हिरोशिमा और नागासाकी से कहीं ज़्यादा
समूचे समाज को ही नष्ट कर डालने की साबित हुई
जिससे इस देश की ही बहुसंख्यक
करोड़ों दलित जनता पर
इस देश में बाहर से आये आर्यों ने
थोपी थी ग़ुलामी
थोपी थी असमता
थोपी थी अशिक्षा
इनके बेरहम शोषण से कराहती
दीन-हीन ज़िन्दगी बिताती
भूख से बेहाल, सम्मान से च्युत, हीनता-बोधों से भरी हुई
दलितों की पीढ़ियाँ-दर-पीढ़ियाँ
जिससे अक्षम, कमज़ोर
असहाय, विचारों से शून्य पैदा होती रही।
और करती रहीं सेवा
सदियों-सदियों से अब तक
सहती रहीं इनकी ग़ुलामी
अन्याय, अत्याचार
माँगा नहीं कभी अपना हक़
धन-धरती में अपना हिस्सा
अपने लिए मुट्ठी भर सम्मान
पाली नहीं कोई महत्त्वाकांक्षा।

विचार

विचार
जन्म लेते हैं
मस्तिष्क में।
विचार अच्छे होते हैं।
विचार बुरे भी होते हैं।
विचार बनते-बिगड़ते हैं।
विचार युगानुकूल परिवर्तित भी होते हैं।
विचार निर्मम, क्रूर और बर्बर भी होते हैं।
विचार हृदय की संवेदना को सिंचित भी करते हैं।
विचार कभी जाति बन जाते हैं
जो प्रश्रय देते हैं ऊँच-नीच को,
संकीर्णता को, भेदभाव और नफ़रत को।
विचार कभी वर्ण बन जाते हैं
और जन्माते हैं अलगाववाद की घृणा को,
फैलाते हैं दूरियाँ और मिटाते हैं भाईचारा को।
विचार सम्प्रदाय भी बन जाते हैं
जो कभी-कभी साम्प्रदायिक उन्माद बन हुँकारते हैं
और आतुर हो उठते हैं विध्वंस को,
तहस-नहस कर देते हैं मानवता को,
स्थापित करने के लिए अपने वर्चस्व को,
पूर्ति हेतु भोगलिप्सा की।
विचार धर्म का भी रूप लेते हैं।
विचार बहुजन हिताय भी क्रियाशील होते हैं
जो रोपते हैं बीज मनुष्यता के,
बन्धुत्व, मैत्री और करुणा के।
विचार परम्पराएँ भी बनते हैं।

अच्छी और बुरी दोनों ही
विचार मिथक बन प्रेरित व
दुष्प्रेरित भी करते हैं हमें।
आओ, हम सब उठ खड़े हों,
उन विचारों के विरुद्ध
जो हमें जाति में परिवर्तित कर
भटकाते हैं।
ऊँच-नीच की परिधि में बाँटकर,
हमारी एकता को मिटाते हैं।
वर्ण और सम्प्रदाय की कपोल कल्पनाओं से,
हमारी मनुष्यता को चोट पहुँचाते हैं।
अलगाववाद व दंगों की आग से,
देश को जलाते हैं।

रिसते घाव

जब-जब बहती है पुरवइया
मेरे पीठ पर पड़े कोड़ों के निशान
फिर उभर आते हैं
चिलक उठता है पूरा शरीर
उन घावों से
जो दिये थे तुमने मेरी पीठ पर
वे घाव अब अन्दर-ही-अन्दर
नासूर बन चुके हैं
न जाने कब मेरे यह नासूर
फूट पड़ें
और हो जायें मेरे हाथ तत्पर
तुम्हें करने को नेस्तनाबूद।

फ़र्क़

तुमने गढ़े हैं फ़र्क़
अपने और मेरे बीच
बनाकर वर्ण और जातियाँ
चाहते थे हम जबकि
आपसी समानता
भाईचारा
बराबर के हक़-हकूक़
पर फ़र्क़ है तुममें और मुझमें
अब भी बहुत
फ़र्क़ है तुम्हारे और मेरे व्यवहार में
फ़र्क़ है तुम्हारे और मेरे आचरण में
फ़र्क़ है तुम्हारी और मेरी निष्ठा में
फ़र्क़ है तुम्हारी और मेरी मानसिकता में
फ़र्क़ है तुम्हारे और मेरे चिन्तन में
फ़र्क़ है तुम्हारी और मेरी मानवीयता में
फ़र्क़ है तुम्हारी और मेरी मनोवृत्ति में
फ़र्क़ है तुम्हारी और मेरी शिक्षा में
फ़र्क़ क्या यह मिटेगा कभी?
क्या तुम मुझे नहीं दोगे मेरा स्वत्व?
मेरे हिस्से की रोशनी
मेरी अस्मिता
मेरा सम्मान
और मेरा स्वाभिमान
मेरे हिस्से की धन-धरती भी
यदि नहीं तो?
पृथक् कर दो
मेरे हिस्से का राष्ट्र भी।

स्मृतियाँ

मुझे
फूलों से
माली की मेहनत की
गन्ध आती है।
गेहूँ की बालियाँ जब
लहलहाती हैं—
किसान की अधजगी रातें याद आती हैं।
देखता हूँ जब महल-दुमहले
मुझे उसमें मेहनतकशों की
पसीने की महक आती है।
जब मैं याद करता हूँ अतीत को
मेरी स्मृतियाँ करती हैं
मुझे बेचैन
मुझे बार-बार
भूखे-नंगे बचपन की
वे कसकती यादें याद आती हैं।

प्रतिनिधित्व

आरक्षण है तुम्हें खेल संघों में,
आरक्षण है तुम्हें अकादमियों में,
आरक्षण है तुम्हें संगीत में,
आरक्षण है तुम्हें कलाओं में,
आरक्षण है तुम्हें साहित्य में,
आरक्षण है तुम्हें धर्म में,
आरक्षण है तुम्हें पूजा में, पूजा के चढ़ावे में,
आरक्षण है तुम्हें मन्दिर में,
आरक्षण है तुम्हें व्यापार में,
क्या इनमें कभी मिलेगा हमें भी अवसर?
यदि नहीं तो क्यों?
तुम इतने असहिष्णु हो हमारे आरक्षण पर—
क्या तुम छोड़ोगे अपना आरक्षण?

❐❐